Desconexión Digital y Seguridad Informática en el Trabajo

ICB Editores (Interconsulting Bureau S.L.)
C/ Flauta Mágica, 1 local 1B
P.I. Alameda 29006 – Málaga. España
Tfno: (+34) 952 28 87 67
info@icbeditores.com
www.icbeditores.com

Desconexión Digital y Seguridad Informática en el Trabajo

1ª edición, 09/2024

ISBN: 978-84-10261-93-8

Impreso en España - *Printed in Spain*

Código: MAIC005089

C.20230330104138 - M.20240503113328

ÍNDICE

1. Desconexión Digital en el Trabajo

1.1. Introducción a la Desconexión Digital

1.2. Estrés Laboral

1.3. Síndrome de Burnout

ICB
EDITORES

MÓDULO

1. Desconexión Digital en el Trabajo

Contenido del Módulo

UNIDAD

1.1. Introducción a la Desconexión Digital

Contenido de la Unidad

- Fundamentos de la Desconexión Digital
- Tecnología en el Trabajo: Beneficios y Desafíos
- Gestión del Tiempo Digital en la Era de la Hiperconectividad
- Redescubriendo Actividades sin Pantallas
- Impacto de la Sobrecarga Digital en la Salud y el Bienestar
- Tecnologías de Apoyo para la Desconexión
- Cultivando una Cultura de Desconexión en el Ambiente Empresarial
- Resumen

ICB
EDITORES

1. Fundamentos de la Desconexión Digital

En la era digital actual, estamos constantemente rodeados de dispositivos electrónicos y conectados a la red. La tecnología se ha vuelto omnipresente en nuestras vidas, tanto en el ámbito personal como en el profesional. Aunque esta conectividad ofrece numerosos beneficios, también ha dado lugar a un fenómeno preocupante: la falta de desconexión.

La desconexión digital se refiere a la acción de alejarse de los dispositivos electrónicos y las redes digitales de manera intencionada y regular. Se trata de un proceso consciente en el que se busca equilibrar el tiempo pasado en línea con el tiempo fuera de línea. Para comprender los fundamentos de la desconexión digital, es importante explorar por qué se ha vuelto tan relevante en la actualidad.

- Salud Mental y Bienestar: Uno de los fundamentos clave de la desconexión digital radica en el impacto que tiene en nuestra salud mental y bienestar. El uso excesivo de dispositivos electrónicos y las redes sociales puede llevar a la ansiedad, la depresión y la sensación de estar constantemente "en alerta". La desconexión permite reducir estos efectos negativos al brindar momentos de tranquilidad y auto-reflexión.

- Productividad y Creatividad: Contrario a lo que se podría pensar, estar constantemente conectado no necesariamente aumenta la productividad. La desconexión digital puede mejorar la concentración y la creatividad al proporcionar un espacio libre de distracciones, donde se pueden abordar tareas importantes de manera más eficiente.

- Relaciones Personales: Las relaciones interpersonales a menudo sufren debido al exceso de tiempo dedicado a las pantallas. La desconexión digital permite dedicar tiempo de calidad a las relaciones con amigos y familiares, fortaleciendo los lazos personales.

- Conexión con el Entorno: La naturaleza y el mundo que nos rodea también son víctimas de la falta de desconexión. Pasar tiempo al aire libre y disfrutar de la belleza de la naturaleza se vuelve más difícil cuando estamos constantemente absortos en nuestras pantallas. La desconexión promueve una mayor conexión con el entorno natural.

- Autonomía y Control: Practicar la desconexión digital nos da un mayor control sobre nuestra vida digital. En lugar de ser esclavos de las notificaciones y las redes sociales, podemos decidir cuándo y cómo interactuar con la tecnología.

2. Tecnología en el Trabajo: Beneficios y Desafíos

La tecnología ha revolucionado la forma en que trabajamos y ha traído consigo una serie de beneficios significativos para el ámbito laboral. Sin embargo, también ha planteado desafíos que deben ser abordados de manera efectiva. En este apartado, exploraremos tanto los beneficios como los desafíos que la tecnología presenta en el entorno laboral.

2.1. Beneficios de la Tecnología en el Trabajo:

- Eficiencia y Productividad: La tecnología ha automatizado muchas tareas repetitivas, lo que ha aumentado la eficiencia en el trabajo. Las herramientas digitales permiten realizar tareas en menos tiempo, liberando recursos para tareas más estratégicas.

- Comunicación y Colaboración: La conectividad digital ha facilitado la comunicación entre equipos y compañeros de trabajo, independientemente de su ubicación geográfica. Esto ha permitido una colaboración más efectiva y la posibilidad de trabajar de manera remota.

- Acceso a la Información: La información es ahora accesible en tiempo real. Los empleados pueden acceder a datos relevantes y tomar decisiones informadas de manera más rápida y precisa.

- Flexibilidad Laboral: La tecnología ha habilitado modelos de trabajo flexibles, como el teletrabajo, que permiten a los empleados equilibrar mejor su vida laboral y personal.

2.2. Desafíos de la Tecnología en el Trabajo:

- Distracciones Digitales: La misma tecnología que mejora la productividad puede convertirse en una fuente de distracción. Las redes sociales y las notificaciones constantes pueden interrumpir la concentración en el trabajo.

- Aislamiento: A medida que más personas trabajan de manera remota, puede surgir un sentimiento de aislamiento. La falta de interacción en persona puede afectar las relaciones laborales y la cultura de la empresa.
- Seguridad de los Datos: La ciberseguridad se ha vuelto una preocupación importante. Los datos corporativos deben protegerse contra amenazas digitales, lo que requiere inversiones en medidas de seguridad.
- Brecha Digital: No todos los empleados tienen igual acceso o habilidades para utilizar la tecnología. Esto puede crear una brecha digital en el lugar de trabajo.
- Fatiga Digital: El exceso de tiempo frente a las pantallas puede llevar a la fatiga digital, lo que afecta negativamente la salud ocular y la concentración.

La tecnología en el trabajo ofrece una amplia gama de beneficios que mejoran la eficiencia y la flexibilidad laboral. Sin embargo, también plantea desafíos que deben ser abordados, como la gestión de distracciones digitales y la protección de datos sensibles. Es esencial encontrar un equilibrio entre el uso de la tecnología para mejorar la productividad y la necesidad de desconectar para mantener la salud mental y el bienestar en el trabajo. En los siguientes apartados, exploraremos estrategias para abordar estos desafíos de manera efectiva.

3. Gestión del Tiempo Digital en la Era de la Hiperconectividad

Vivimos en una era de hiperconectividad, donde la tecnología digital está siempre al alcance de nuestras manos. Aunque esto trae consigo muchas ventajas, también puede llevar a la pérdida de tiempo y a la falta de enfoque si no se gestiona adecuadamente. La gestión del tiempo digital se ha vuelto esencial para mantener la productividad y el equilibrio en nuestras vidas. En este apartado, exploraremos estrategias efectivas para administrar nuestro tiempo en el mundo digital.

1. Establecer Prioridades Claras: El primer paso en la gestión del tiempo digital es definir claramente las prioridades. ¿Qué tareas son realmente importantes y contribuyen al logro de tus objetivos? Identifica estas tareas y dales prioridad sobre las distracciones digitales.

2. Utilizar Herramientas de Gestión del Tiempo: Existen numerosas aplicaciones y herramientas diseñadas para ayudarte a administrar tu tiempo digital. Algunas de ellas te permiten bloquear sitios web o aplicaciones que consumen tiempo, establecer límites de tiempo para ciertas actividades en línea y realizar un seguimiento de cómo utilizas tu tiempo en pantalla.

3. Establecer Horarios de Trabajo Digital: Define horarios específicos para utilizar dispositivos digitales y redes sociales. Esto puede incluir períodos de tiempo dedicados al correo electrónico, redes sociales o navegación web. Fuera de estos horarios, desconecta o limita el acceso a estas plataformas.

4. Practicar la Técnica Pomodoro: La técnica Pomodoro es un método de gestión del tiempo que implica trabajar en bloques de tiempo concentrado (generalmente 25 minutos) seguidos de un breve descanso. Esta técnica puede ayudarte a mantenerte enfocado y a evitar distracciones digitales.

5. Realizar Revisiones Regulares: Haz un seguimiento de cómo utilizas tu tiempo digital y realiza revisiones regulares. Esto te permitirá identificar patrones de comportamiento y realizar ajustes en tu enfoque de gestión del tiempo.

6. Desconectar por Completo: En ciertos momentos, es beneficioso desconectar por completo. Esto significa apagar dispositivos y alejarse de las pantallas durante períodos de tiempo definidos. Puedes aprovechar esta desconexión para actividades como meditar, hacer ejercicio o pasar tiempo de calidad con la familia y amigos.

7. Fomentar la Automatización: Automatiza tareas repetitivas siempre que sea posible. La automatización puede ahorrarte tiempo valioso y reducir la necesidad de estar constantemente en línea.

8. Practicar la Autorregulación: prende a autorregular tu comportamiento digital. Esto implica la capacidad de resistir la tentación de revisar constantemente el teléfono o las redes sociales cuando deberías estar concentrado en una tarea importante.

Con la gestión del tiempo digital se trata de recuperar el control sobre tu vida digital y utilizar la tecnología de manera consciente y efectiva. Al implementar estas estrategias, podrás aprovechar los beneficios de la tecnología sin caer en la trampa de la hiperconectividad, mejorando así tu productividad y tu bienestar. En los siguientes apartados, exploraremos más consejos y técnicas para lograr un equilibrio saludable entre el mundo digital y el mundo real.

4. Redescubriendo Actividades sin Pantallas

En un mundo dominado por la tecnología y las pantallas, es esencial recordar la importancia de desconectar y participar en actividades que no requieran el uso de dispositivos electrónicos. Estas actividades no solo ofrecen un descanso bienvenido de la constante estimulación digital, sino que también promueven la interacción humana, la creatividad y la conexión con el mundo real. A continuación, exploraremos una variedad de actividades sin pantallas que puedes redescubrir y disfrutar.

1. Lectura de Libros Impresos: Sumergirse en la lectura de un libro impreso es una experiencia única. Los libros ofrecen una oportunidad de escapar a mundos imaginarios, aprender nuevos conocimientos y relajarse sin la distracción de las pantallas.

2. Caminatas al Aire Libre: Explorar la naturaleza a través de caminatas al aire libre es una forma excelente de desconectar y conectar con el entorno natural. Respirar aire fresco y disfrutar de paisajes naturales puede ser rejuvenecedor.

3. Arte y Creatividad: Dedicar tiempo a actividades creativas como la pintura, la escultura, la escritura o la música es una forma poderosa de expresión personal. Estas actividades fomentan la creatividad y permiten la autoexpresión.

4. Ejercicio Físico: El ejercicio regular es esencial para mantener una buena salud física y mental. Actividades como correr, nadar, andar en bicicleta o practicar yoga pueden ayudarte a mantenerte en forma y liberar tensiones.

5. Juegos de Mesa y Rompecabezas: Los juegos de mesa y los rompecabezas son una excelente manera de pasar tiempo en familia o con amigos. Fomentan la interacción social y la resolución de problemas.

6. Cocina y Alimentación Saludable: Preparar comidas caseras y experimentar con recetas nuevas es una actividad gratificante. Además, te permite mantener una alimentación saludable.

7. Meditación y Mindfulness: La meditación y la práctica del mindfulness son técnicas que pueden ayudarte a reducir el estrés y mejorar tu bienestar emocional y mental.

8. Voluntariado y Ayuda a la Comunidad: Participar en actividades de voluntariado te conecta con tu comunidad y te brinda una sensación de logro al ayudar a los demás.

9. Viajes y Exploración Cultural: Explorar nuevos lugares y sumergirse en diferentes culturas es una experiencia enriquecedora que amplía tus horizontes y te permite aprender de manera continua.

10. Tiempo de Calidad con Seres Queridos: Finalmente, pasar tiempo de calidad con familiares y amigos es una de las actividades más valiosas. Establecer conexiones personales y nutrir relaciones es esencial para el bienestar emocional.

Redescubrir actividades sin pantallas es esencial para equilibrar nuestra vida digital y mantener una conexión significativa con el mundo real. Estas actividades ofrecen una oportunidad de desconectar, recargar energías y cultivar aspectos importantes de nuestra vida, como la creatividad, la salud y las relaciones personales. Al incorporar estas actividades en tu rutina, encontrarás un mayor equilibrio en tu vida digital y offline.

5. Impacto de la Sobrecarga Digital en la Salud y el Bienestar

En la era digital actual, el exceso de tiempo dedicado a dispositivos electrónicos y la sobreexposición a la información en línea pueden tener un impacto significativo en la salud y el bienestar de las personas. La sobrecarga digital se refiere a la experiencia de sentirse abrumado por la cantidad de información, notificaciones y tiempo en pantalla. A continuación, exploraremos el impacto que esta sobrecarga puede tener en la salud y el bienestar, así como algunas estrategias para mitigar sus efectos negativos.

1. Estrés y Ansiedad: La constante exposición a las pantallas y la necesidad de estar siempre conectado pueden aumentar los niveles de estrés y ansiedad. Las notificaciones constantes y la presión de responder de inmediato pueden generar un estado de hipervigilancia constante.

2. Problemas de Sueño: La exposición a la luz azul de las pantallas antes de dormir puede interferir con la calidad del sueño. La falta de sueño adecuado puede tener un impacto negativo en la salud física y mental.

3. Adicción Digital: El uso excesivo de dispositivos y redes sociales puede llevar a la adicción digital. Las personas pueden experimentar dificultad para controlar su tiempo en línea y experimentar síntomas de abstinencia cuando intentan desconectar.

4. Distracción y Falta de Concentración: La constante interacción con dispositivos electrónicos puede dificultar la concentración en tareas importantes. Las notificaciones y la multitarea digital pueden disminuir la productividad.

5. Impacto en las Relaciones Personales: La sobrecarga digital puede afectar las relaciones personales. Pasar demasiado tiempo en dispositivos electrónicos puede disminuir la calidad de la interacción interpersonal y llevar a la alienación.

6. Fatiga Digital: La fatiga digital se manifiesta como una sensación de agotamiento después de largos períodos de tiempo frente a pantallas. Puede afectar la salud ocular y la capacidad de concentración.

5.1. Estrategias para Mitigar la Sobrecarga Digital

- Establecer límites de tiempo para el uso de dispositivos y redes sociales.
- Practicar la desconexión digital regularmente, apagando dispositivos durante ciertos momentos del día.
- Utilizar aplicaciones y herramientas de gestión del tiempo para limitar el acceso a aplicaciones no esenciales.
- Establecer una rutina de sueño saludable que excluya el uso de pantallas antes de acostarse.

- Fomentar actividades sin pantallas, como el ejercicio, la lectura y la interacción en persona.
- Realizar períodos de meditación y mindfulness para reducir el estrés y la ansiedad.
- Concientizar sobre el impacto de la sobrecarga digital y educar a las personas sobre cómo gestionar su tiempo en línea de manera efectiva.

La sobrecarga digital puede tener un impacto negativo en la salud y el bienestar, pero con una gestión adecuada del tiempo en línea y la implementación de estrategias para desconectar, es posible reducir estos efectos negativos y encontrar un equilibrio saludable entre la vida digital y la vida offline. La toma de conciencia y la acción proactiva son clave para mantener una relación saludable con la tecnología.

6. Tecnologías de Apoyo para la Desconexión

A medida que la conciencia sobre la importancia de la desconexión digital crece, también lo hace la demanda de tecnologías diseñadas para ayudar a las personas a gestionar su tiempo en línea de manera más saludable. Estas tecnologías de apoyo se han convertido en aliados valiosos en la búsqueda de un equilibrio entre el mundo digital y el mundo real. En este apartado, exploraremos algunas de estas tecnologías y cómo pueden contribuir a la desconexión digital efectiva.

1. Aplicaciones de Gestión del Tiempo: Existen numerosas aplicaciones diseñadas para ayudar a las personas a administrar su tiempo en línea. Estas aplicaciones permiten establecer límites de tiempo para el uso de aplicaciones y sitios web específicos. Algunas de ellas incluso bloquean el acceso a ciertas plataformas durante períodos de tiempo definidos.
2. Modo Sin Distracciones: Muchos dispositivos y sistemas operativos incluyen un "modo sin distracciones" que permite desactivar temporalmente notificaciones y alertas para evitar interrupciones durante tareas importantes.

3. Aplicaciones de Meditación y Mindfulness: Las aplicaciones de meditación y mindfulness pueden ayudar a las personas a reducir el estrés y la ansiedad relacionados con la tecnología. Ofrecen sesiones guiadas para la relajación y la concentración.

4. Herramientas de Seguimiento de Uso de Pantalla: Estas herramientas permiten realizar un seguimiento del tiempo que pasas frente a las pantallas y te proporcionan informes detallados sobre tu actividad digital. Esto puede ayudarte a tomar decisiones informadas sobre cómo gestionar tu tiempo en línea.

5. Controles Parentales: Los controles parentales son útiles para limitar el tiempo en pantalla de los niños y adolescentes, promoviendo un uso saludable de la tecnología desde una edad temprana.

6. Aplicaciones de Automatización: Algunas aplicaciones de automatización pueden realizar tareas por ti, reduciendo la necesidad de estar constantemente en línea. Por ejemplo, programar publicaciones en redes sociales o responder automáticamente a correos electrónicos.

7. Terapia en Línea: Para quienes luchan con la adicción digital, la terapia en línea y las aplicaciones de apoyo pueden ser recursos valiosos. Estas plataformas ofrecen terapia y consejería para abordar problemas relacionados con el uso excesivo de la tecnología.

8. Aplicaciones de Productividad: Las aplicaciones de productividad pueden ayudarte a mantener un enfoque claro en tus tareas importantes, reduciendo la necesidad de multitarea digital.

9. Wearables de Seguimiento de Salud: Los dispositivos wearables, como smartwatches, pueden proporcionar información sobre tu actividad física y salud, lo que puede motivarte a desconectar y mantener un estilo de vida equilibrado.

10. Asistentes Virtuales y Comandos de Voz:

La tecnología de asistentes virtuales y comandos de voz permite realizar tareas sin necesidad de tocar una pantalla, reduciendo así la exposición digital.

Las tecnologías de apoyo para la desconexión digital son herramientas valiosas que pueden ayudarte a tomar el control de tu tiempo en línea y fomentar un uso más consciente de la tecnología. Estas herramientas son especialmente útiles para aquellos que desean reducir la distracción digital y mejorar su bienestar general. La elección y utilización de estas tecnologías depende de tus necesidades individuales y objetivos de desconexión.

7. Cultivando una Cultura de Desconexión en el Ambiente Empresarial

En el entorno empresarial actual, donde la tecnología y la conectividad son fundamentales, es esencial reconocer la importancia de cultivar una cultura de desconexión. Una cultura de desconexión promueve un equilibrio saludable entre el trabajo y la vida personal, reduce el estrés y mejora la productividad de los empleados.

En este apartado, exploraremos cómo las empresas pueden fomentar esta cultura y por qué es beneficioso para todos los involucrados.

1. Políticas y Directrices Claras: Una empresa que busca promover la desconexión debe establecer políticas y directrices claras relacionadas con el uso de dispositivos y comunicación digital fuera del horario laboral. Esto puede incluir la definición de límites para el envío de correos electrónicos fuera del horario laboral y el respeto del tiempo libre de los empleados.

2. Ejemplo desde la Alta Dirección: Los líderes de la empresa deben dar ejemplo al mostrar que valoran y respetan el tiempo de desconexión de los empleados. Si los líderes envían correos electrónicos fuera del horario laboral o esperan respuestas inmediatas, es probable que los empleados sigan este comportamiento.

3. Comunicación Abierta y Educación: Es esencial comunicar a los empleados la importancia de la desconexión y cómo pueden lograr un equilibrio saludable entre el trabajo y la vida personal. La educación sobre la gestión del tiempo digital y la importancia del descanso es clave.

4. Flexibilidad Laboral: Ofrecer opciones de flexibilidad laboral, como el teletrabajo o horarios flexibles, permite a los empleados gestionar mejor su tiempo y equilibrar sus responsabilidades laborales y personales.

5. Fomentar el Uso de Días de Descanso: Alentar a los empleados a tomar días de descanso es esencial para evitar la quema de empleados y promover el bienestar. Las empresas pueden implementar políticas que incentiven el uso de días de vacaciones.

6. Evitar la Competencia de Tiempo en Línea: Las empresas deben evitar crear una cultura en la que los empleados sientan la necesidad de competir por quién trabaja más horas o está más tiempo en línea. En su lugar, se debe valorar la eficiencia y la calidad del trabajo.

7. Herramientas de Productividad: Proporcionar a los empleados herramientas de productividad puede ayudar a optimizar el tiempo en el trabajo, lo que a su vez permite desconectar más fácilmente fuera del horario laboral.

8. Celebrar el Logro y el Equilibrio: Reconocer y celebrar los logros profesionales y personales de los empleados fomenta un ambiente en el que se valora tanto el trabajo como la vida personal.

9. Programas de Bienestar: Implementar programas de bienestar que incluyan actividades de desconexión, como meditación o yoga, puede contribuir al bienestar general de los empleados.

10. Evaluar Regularmente la Cultura de Desconexión: Las empresas deben realizar evaluaciones periódicas de su cultura de desconexión para identificar áreas de mejora y asegurarse de que las políticas y prácticas se mantengan efectivas.

Cultivar una cultura de desconexión en el ambiente empresarial es esencial para el bienestar de los empleados y la productividad de la empresa. Promover la desconexión no solo beneficia a los individuos al reducir el estrés y mejorar la calidad de vida, sino que también contribuye al éxito a largo plazo de la organización al fomentar un ambiente de trabajo equilibrado y saludable.

La educación y la conciencia sobre la desconexión digital son componentes fundamentales para ayudar a las personas a comprender la importancia de equilibrar su vida digital y offline. En un mundo donde la tecnología es omnipresente, es esencial que las personas adquieran conocimientos y herramientas para gestionar su tiempo en línea de manera efectiva. En este apartado, exploraremos la importancia de la educación y la conciencia en este contexto.

1. Concientizar sobre los Riesgos: La educación sobre los riesgos de la sobrecarga digital, como el estrés, la ansiedad y la adicción digital, es esencial. Las personas deben comprender cómo el uso excesivo de dispositivos electrónicos puede afectar su salud y bienestar.

2. Fomentar el Uso Consciente: La educación debe enfatizar la importancia de utilizar la tecnología de manera consciente y deliberada. Esto incluye evitar la multitarea digital y establecer límites claros en el tiempo en línea.

3. Enseñar Estrategias de Gestión del Tiempo: Las personas deben aprender estrategias efectivas para gestionar su tiempo en línea, como la técnica Pomodoro, la programación de horarios de trabajo digital y el uso de aplicaciones de gestión del tiempo.

4. Promover la Importancia del Descanso: La educación debe destacar la necesidad de desconectar y descansar. Las personas deben comprender que el descanso adecuado es esencial para la salud física y mental.

5. Enseñar Habilidades de Comunicación: La tecnología no debe reemplazar las habilidades de comunicación interpersonal. La educación debe promover la importancia de las relaciones personales y la comunicación cara a cara.

6. Empoderar a los Jóvenes: Los jóvenes deben recibir educación sobre el uso responsable de la tecnología desde una edad temprana. Esto incluye comprender los riesgos en línea y cómo proteger su privacidad en línea.

7. Promover la Desconexión Activa: La educación debe alentar a las personas a participar en actividades sin pantallas y a practicar la desconexión activa. Esto puede incluir actividades al aire libre, lectura, arte y ejercicio.

8. Concientizar sobre la Brecha Digital: Es importante que las personas estén conscientes de la brecha digital y la falta de acceso igualitario a la tecnología. Esto puede ayudar a promover la equidad en el uso de la tecnología.

9. Crear un Ambiente de Apoyo: Las instituciones educativas y las empresas pueden contribuir a crear un ambiente de apoyo para la desconexión digital. Esto incluye políticas que respeten el tiempo libre y promuevan la gestión del tiempo en línea.

10. Fomentar la Autoevaluación: La educación debe alentar a las personas a autoevaluar su uso de la tecnología y a identificar áreas donde puedan mejorar su gestión del tiempo en línea.

La educación y la conciencia sobre la desconexión digital son fundamentales para empoderar a las personas a tomar el control de su vida digital y mantener un equilibrio saludable. Al proporcionar información y herramientas para gestionar el tiempo en línea de manera efectiva, podemos mejorar la salud y el bienestar de las personas en la era digital actual. La educación es un paso crucial hacia una relación más consciente y saludable con la tecnología.

RESUMEN

- En la era digital actual, estamos constantemente rodeados de dispositivos electrónicos y conectados a la red. La tecnología se ha vuelto omnipresente en nuestras vidas, tanto en el ámbito personal como en el profesional.
- Beneficios de la Tecnología en el Trabajo:
  - Eficiencia y Productividad
  - Comunicación y Colaboración
  - Acceso a la Información
  - Flexibilidad Laboral
- El exceso de tiempo dedicado a dispositivos electrónicos y la sobreexposición a la información en línea pueden tener un impacto significativo en la salud y el bienestar de las personas:
  - Estrés y Ansiedad.
  - Problemas de Sueño.
  - Adicción Digital.
  - Distracción y Falta de Concentración.
  - Impacto en las Relaciones Personales.
  - Fatiga Digital.
- Con la gestión del tiempo digital se trata de recuperar el control sobre tu vida digital y utilizar la tecnología de manera consciente y efectiva.
- Es importante destacart la educación y la conciencia sobre la desconexión digital para lograr un equilibrio saludable entre la vida digital y offline.

ICB
EDITORES

UNIDAD

1.2. Estrés Laboral

Contenido de la Unidad

- Introducción
- Definición de estrés laboral
- Tipos y desarrollo del estrés laboral
- Entorno subjetivo de estrés
- Métodos para utilizar para evaluar el estrés laboral
- Consecuencias del estrés
- Prevención del estrés
- Resumen

ICB
EDITORES

1. Introducción

En la patología laboral del siglo XXI, se enfrenta el mayor riesgo emergente en relación con los riesgos psicosociales en el trabajo. Este riesgo puede ser identificado en tres aspectos: el estrés laboral, el acoso moral en el trabajo, también conocido como mobbing, y el síndrome de Burnout o estar quemado en el trabajo.

En los últimos cien años, ha ocurrido un cambio significativo en la forma en que la población enferma. La prevalencia de enfermedades infecciosas, malnutrición y desnutrición ha disminuido de manera notable, mientras que ha habido un aumento en la prevalencia de problemas de salud mental, trastornos cardiovasculares y trastornos osteomusculares. Este cambio puede explicarse por una variedad de factores que interactúan entre sí, incluyendo factores biológicos, ambientales, relacionados con cambios en los estilos de vida y factores psicosociales.

Destaca el papel predominante que juegan los factores de riesgo psicosocial relacionados con el trabajo en esta evolución. El estrés se ha convertido en un fenómeno cada vez más importante en la sociedad actual, como resultado de los cambios en los estilos y modos de vida.

Desde que Selye introdujo el término "estrés" en el ámbito de la salud en 1926, se ha convertido en uno de los más utilizados tanto por los profesionales de las ciencias de la salud como en el lenguaje coloquial de la sociedad. Por esta razón, el término "estrés" ha sido utilizado con diversos significados, además del sentido original otorgado por Selye, como la respuesta general del organismo a un factor o situación estresante. Actualmente, todavía hay controversia en cuanto a la definición precisa del concepto de estrés y ha sido objeto de continuo debate por parte de los expertos en el tema.

El hecho de que el estrés laboral afecte a uno de cada tres empleados europeos justifica una revisión de las actuales condiciones de trabajo. Si esta dolencia es responsable de una cuarta parte de las bajas laborales y cuesta a los 15 países miembros de la UE unos 20.000 millones de euros, parece lógico considerarla una de las más peligrosas para la competitividad de las empresas. Los efectos inmediatos del estrés son la disminución de la productividad de los empleados y un aumento de la siniestrabilidad laboral.

El estrés es un fenómeno cada vez más común y, cuando se manifiesta, puede provocar consecuencias significativas tanto a nivel individual como organizacional. La exposición prolongada a situaciones sociolaborales estresantes está fuertemente relacionada con el deterioro de la salud. Estas situaciones pueden dar lugar a la aparición de diversas enfermedades y alteraciones mentales, al mismo tiempo que interfieren en el desempeño en la organización. De hecho, se han citado como consecuencias del estrés la disminución del rendimiento, la reducción en la toma de decisiones efectivas, el aumento en la accidentabilidad, la rotación y el absentismo.

El estrés es una de las afecciones más comunes en la actualidad debido al alto nivel de competitividad y la aceleración de la vida cotidiana. Aunque sus efectos tienen una influencia negativa en numerosos procesos del organismo, a menudo no es fácil detectarlo ni combatirlo.

Para muchos psicólogos, definir el estrés es una tarea compleja debido a las diferencias significativas en las percepciones individuales del mismo.

Actualmente, el trabajo figura entre las principales causas de estrés, y ha sido objeto de numerosos estudios en los últimos años, ya que se ha comprobado que los empleados estresados son menos eficientes y tienen un menor rendimiento.

Además de los factores estresantes intrínsecos al lugar de trabajo, este puede ocasionar estrés debido a las necesidades y compromisos personales. Un ambiente laboral en constante cambio requiere más horas de dedicación y formación, lo que implica menos tiempo para atender a cuestiones personales y domésticas.

Existen varios factores que pueden producir estrés laboral, los cuales se pueden clasificar en categorías generales, como la sobrecarga de trabajo, la función que desempeña el empleado y el horario laboral. Además, algunos de estos factores son ambientales, como la política interna de la empresa, la relación con los compañeros, el entorno laboral y los desplazamientos desde y hasta el lugar de trabajo.

Es importante destacar que la existencia de un nivel medio de estrés (eustrés) puede ser positiva para el individuo, ya que permite la activación física y mental del organismo, lo que resulta en una respuesta eficiente a la fuente generadora de estrés. Sin embargo, cuando el grado de estrés aumenta (distrés) y la persona no es capaz de adaptarse a las nuevas demandas de la situación, la experiencia de estrés se vuelve nociva y puede desencadenar una serie de respuestas físicas, psicológicas y comportamentales negativas para el individuo.

2. Definición de estrés laboral

El estrés es un trastorno biopsicosocial que afecta a la población mundial en la actualidad. La sociedad globalizada exige a los individuos ser aptos y capacitados para enfrentar y resolver problemas laborales, sociales y emocionales cada día.

Las causas y efectos del estrés en el ámbito laboral son variados. Es importante motivar y preparar a los miembros de las organizaciones laborales para enfrentar con tenacidad y valentía los retos planteados a nivel laboral, sin descuidar su salud ocupacional para obtener excelentes resultados en el logro de metas propuestas.

La sociedad moderna se desarrolla a un ritmo acelerado y enfrenta fuertes demandas impuestas por factores como el consumismo y la globalización. Esto lleva a los individuos a cambiar su ritmo de vida, generando una serie de reacciones y estados emocionales tensos, los cuales pueden impedir la realización de tareas específicas.

El término estrés, adaptado al castellano de la voz inglesa "stress", apareció en el inglés medieval en forma de "distress", que a su vez provenía del francés antiguo "destresse".

En 1926, Hans Selye introdujo por primera vez el concepto de estrés en el ámbito de la salud, definiéndolo como la respuesta general del organismo ante cualquier estímulo o situación estresante.

Esta respuesta de los individuos a las diferentes situaciones que se les presentan conlleva una serie de cambios físicos, biológicos y hormonales, y les permite responder adecuadamente a las demandas externas. El trastorno del estrés no solo puede ser generado por aspectos emocionales o espirituales, sino también por demandas de carácter social y amenazas del entorno del individuo que requieren de capacidad de adaptación y respuesta rápida frente a los problemas.

Según Peiró (1992), el estrés es un fenómeno que se adapta a los seres humanos y contribuye en gran medida a su supervivencia, a un rendimiento adecuado en sus actividades y a un desempeño eficaz en muchas esferas de la vida. En todos los ámbitos de la vida, se generan tensiones y cuando alguien pretende eliminarlas por completo, es muy probable que lo único que consiga es estresarse aún más. Por lo tanto, como seres humanos racionales, es importante saber controlar las tensiones para canalizarlas de manera positiva.

Existen dos tipos generales de estrés: el eustrés y el distrés. El eustrés es definido por Pose (2005) como un estado en el cual las respuestas de un individuo ante las demandas externas están adaptadas a las normas fisiológicas del mismo. Este tipo de estrés se presenta cuando las personas reaccionan de manera positiva, creativa y afirmativa frente a una determinada circunstancia, lo cual les permite resolver de manera objetiva las dificultades que se presentan en la vida y desarrollar sus capacidades y destrezas.

Por otro lado, según Pose (2005), el distrés o mal estrés se presenta cuando las demandas del medio son excesivas, intensas y/o prolongadas, y superan la capacidad de resistencia y de adaptación del organismo de un individuo.

En resumen, el estrés puede ser visto como un fenómeno de adaptación en los individuos, ya que depende de cada persona y de la situación que se le presente el tipo de respuesta que proporcione a su entorno, lo cual puede beneficiar o no su crecimiento personal y/o profesional.

Los altos niveles de estrés son un problema frecuente en la sociedad actual. Se estima que una de cada siete personas experimentará altos niveles de estrés a lo largo de su vida, lo que puede tener efectos negativos en su salud. Además, según Levi, aproximadamente la mitad de la población trabajadora es infeliz en su empleo.

En un estudio reciente sobre el sector de seguros, se descubrió que cerca del 50% de los trabajadores estadounidenses consideran que su trabajo es "muy o extremadamente estresante", y el 27% afirmó que su trabajo es la mayor fuente de estrés en sus vidas.

Los investigadores de este estudio también encontraron que los empleados experimentan agotamiento emocional y están quemados al final del día.

Aunque el estrés es algo inherente a la vida, ya que es necesario para nuestra supervivencia, es importante no superar nuestro nivel óptimo de estrés. Cuando el cerebro percibe una situación potencialmente estresante, se produce una respuesta fisiológica que puede mejorar nuestra capacidad de reacción. Sin embargo, es importante no sobrepasar nuestra capacidad de adaptación y resistencia para evitar efectos negativos en nuestra salud.

En resumen, aunque es difícil describir la prevalencia exacta de los estresores y los problemas de salud relacionados con el estrés, es crucial mantener el equilibrio adecuado entre el nivel de estrés y nuestra capacidad de adaptación y resistencia para evitar efectos negativos en nuestra salud.

El término "estrés" se origina en la palabra griega "stringere", que significa tensión. Aunque a menudo se asocia con algo negativo, el estrés en realidad es una respuesta natural y necesaria del organismo ante situaciones que ponen a prueba nuestra capacidad de adaptación.

La definición del estrés ha sido objeto de diversos estudios y enfoques a lo largo del tiempo. Hans Selye, un reconocido endocrinólogo, ha sido considerado como el "padre del concepto estrés". Según él, el estrés se produce cuando una situación provoca una tensión extrema o prolongada que activa mecanismos fisiológicos y psicológicos de adaptación. Esta respuesta puede ser positiva en su nivel óptimo, pero si se prolonga demasiado, puede llevar a problemas de salud como el agotamiento o enfermedades psicosomáticas.

Los factores que pueden desencadenar el estrés son variados, pueden ser físicos, psicológicos o sociales, como la temperatura, el miedo, los conflictos o la fatiga. Es importante saber manejar adecuadamente el estrés y no superar el nivel óptimo de adaptación para evitar consecuencias negativas en nuestra salud.

Hans Selye, considerado el padre del concepto de estrés, hizo importantes contribuciones al estudio de este fenómeno a través de su obra "Stress". Selye destacó el papel del sistema nervioso central y las glándulas endocrinas, especialmente el eje hipofisosuprarrenal, en la respuesta del organismo al estrés. Inicialmente, los investigadores del estrés se centraron en los estímulos físicos y sus consecuencias fisiológicas, pero en la actualidad, ha habido un aumento del interés por el estudio del estrés desde el ámbito de las ciencias del comportamiento.

Por ejemplo, McGrath (1970) define el estrés como "un desequilibrio sustancial (percibido) entre la demanda y la capacidad de respuesta del individuo, bajo condiciones en las que el fracaso ante esa demanda posee importantes consecuencias (percibidas)". Este enfoque se centra en la percepción individual de la demanda y la capacidad de respuesta, y en las consecuencias percibidas del fracaso ante esa demanda.

De acuerdo con esta definición, el estrés se produce cuando el individuo se enfrenta a demandas del entorno para las cuales no está preparado y las percibe como una amenaza a su estabilidad emocional y física. Es esencial que el individuo mantenga un equilibrio entre las demandas y sus capacidades para responder. Mckaj y sus colegas señalan que el estrés y el dolor emocional que lo acompaña surgen de la interacción de tres elementos: el ambiente, los pensamientos y las respuestas fisiológicas.

Existen dos modelos fundamentales para explicar el síndrome de estrés:

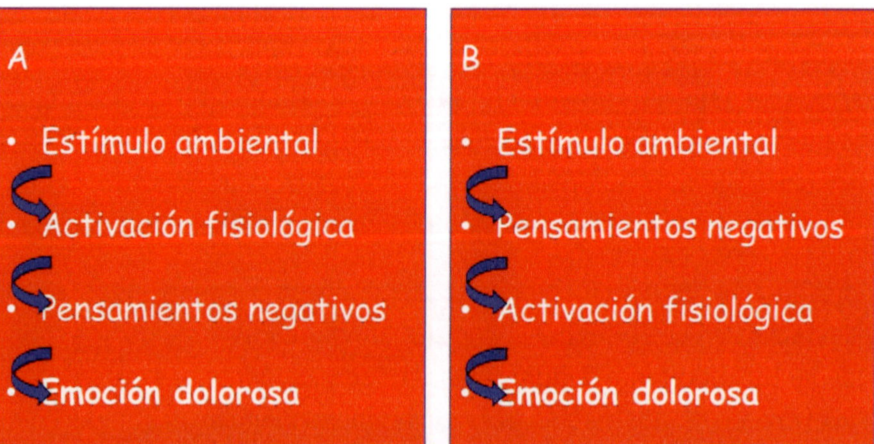

La primera fórmula para explicar el síndrome del estrés se enfoca en un estímulo ambiental, como por ejemplo un ascenso laboral, que produce pensamientos negativos ("no me van a respetar mis compañeros", "voy a tener que trabajar más horas"...) lo cual desencadena una activación fisiológica (aceleración del ritmo cardíaco, sudoración, sequedad de boca...) y una emoción dolorosa, como la ansiedad.

Esta perspectiva es defendida por Beck, Ellis y Lazarus, quienes sostienen que no son los acontecimientos en sí mismos los que provocan emociones dolorosas, sino los pensamientos que el individuo tiene sobre ellos. Es decir, si percibimos una situación como peligrosa, sentiremos ansiedad, y si la percibimos como injusta, entonces sentiremos cólera.

Desde este punto de vista, Lazarus define el estrés como "el juicio negativo del individuo que le produce temor al pensar que sus recursos personales serán incapaces de dar respuesta a las demandas generales". En definitiva, lo que importa no es tanto la situación en sí misma, sino cómo el individuo la percibe y cómo se enfrenta a ella.

El estrés laboral se produce cuando las demandas del entorno laboral superan los recursos y habilidades de una persona para hacerles frente o controlarlas (Banchs, González y Morera, 1997). Por lo tanto, se podría definir el estrés laboral como la respuesta adaptativa de una persona ante la discrepancia entre las exigencias laborales y los recursos de los que dispone para afrontarlas (Cano, 2002).

En un primer momento, el estrés puede ayudar a las personas a responder de forma más rápida y efectiva a situaciones exigentes en el trabajo. Sin embargo, si el estrés se prolonga en el tiempo, puede provocar agotamiento y afectar negativamente la salud física y mental del trabajador.

El Síndrome de Burnout, también conocido como "estar quemado", se relaciona estrechamente con el estrés laboral. Este síndrome se entiende como una respuesta emocional y cognitiva a factores laborales e institucionales o como una consecuencia del estrés laboral (Cano, 2002). A veces, incluso con la preparación necesaria para afrontar el estrés, los trabajadores pueden experimentar dificultades emocionales y conductuales que pueden generar sentimientos de fracaso personal e incapacidad para ejercer su profesión.

3. Tipos y desarrollo del estrés laboral

Según Slipack (1996, citado en Campos, 2006) existen dos tipos de estrés laboral:

- El episódico: Es aquel que ocurre momentáneamente, es un estrés que no se posterga por mucho tiempo y luego de que se enfrenta o resuelve desaparecen todos los síntomas que lo originaron; un ejemplo de este tipo de estrés es el que se presenta cuando un trabajador es despedido de su empleo.
- El crónico: Es aquel que se presenta de manera recurrente cuando una persona es sometida a un agente estresante de manera constante, por lo que los síntomas de estrés aparecen cada vez que la situación se presenta y mientras el individuo no evite esa problemática el estrés no desaparecerá.

Situaciones que dependen de los factores de riesgo que las generan, son los denominados estresores psicosociales.

3.1. Tipos de estresores psicosociales

- Estresores del ambiente físico
    - La iluminación: No es lo mismo trabajar en turno nocturno que en el diurno.
    - El ruido: Trabajar con alarmas o ruidos continuamente, puede afectar no sólo al oído, sino al desempeño del trabajo: satisfacción, productividad, etc.
    - Ambientes contaminados: La percepción de los riesgos, puede producir mayor ansiedad en el profesional, repercutiendo en el rendimiento y en el bienestar psicológico.
    - La Temperatura: A veces trabajar en un ambiente caluroso / frío genera un tremendo disconfort (estrés térmico).
    - Vibraciones o exposición a productos tóxicos, condiciones de higiene, radiaciones, exponiblidad, etc.

- Estresores del puesto y contenido de trabajo
  - ⇨ Trabajo repetitivo: El trabajador se convierte en autómata y le provoca fatiga y monotonía en el trabajo, muy relacionado con los accidentes.
  - ⇨ Ritmo de trabajo: El tiempo de realización del trabajo con poca autonomía para adelantar o atrasar su trabajo.
  - ⇨ Ambigüedad del Rol: Falta de claridad en las funciones desempeñadas por el trabajador, dada por la no identificación del alcance y los límites del cargo.
  - ⇨ Identificación del producto; Falta de claridad en la importancia de su trabajo para el producto final o en las actividades de la empresa.
  - ⇨ Responsabilidad elevada: Grado de implicación del trabajador en relación con las personas, el producto y el equipo de trabajo.
  - ⇨ Innovación tecnológica: Percibida como amenazante debido a la falta de control por los trabajadores que delata una falta de apoyo para su aprendizaje.
  - ⇨ Sobrecarga y falta de trabajo: Lo ideal es el equilibrio entre las exigencias de la organización y la capacidad de los integrantes.
  - ⇨ Promoción y desarrollo profesional: Las aspiraciones no se corresponden con la realidad por falta de valoración de méritos.
  - ⇨ Horas extras: Realizar una jornada más larga que la establecida.
  - ⇨ La carga mental de trabajo: Grado de movilización de energía y capacidad mental que el profesional pone en juego para desempeñar la tarea.
- Estresores de la organización
  - ⇨ Cambios en la organización: Cambios que supongan por parte del trabajador un gran esfuerzo para adaptarse que no es facilitado por la empresa.
  - ⇨ Gestión de Personal; Malas estrategias de gestión de los RRHH en la empresa.

- ⇨ Formación: Falta de entrenamiento o de aclimatación previo al desempeño de una determinada tarea.
- ⇨ Conflicto de rol: Resistencia a hacer algo que se le pide, porque difiere de sus valores o considera que no es tarea suya.
- ⇨ Políticas de ascenso y desarrollo: Falta de estrategias que garanticen la promoción profesional dentro de la empresa.
- ⇨ Estabilidad laboral: Las garantías de permanencia en la empresa.
- ⇨ Insuficiente remuneración: Remuneración por debajo de la ley establecida, o inequidad sala- rial con respecto a otros trabajadores de la misma empresa o del mismo sector.
- ⇨ Clima de la organización: Atmósfera particular propia condicionada por su esquema productivo, puede ser tensa, relajada, cordial o no, etc.
- ⇨ Estilos gerenciales: Estructuras de mando rígidas e impersonales, con alta supervisión que imposibilitan participar en las decisiones.
- ⇨ Falta de participación: Se restringe o no se facilita la iniciativa, la toma de decisiones o loa consulta de los trabajadores.
- ⇨ Metas no racionales: Metas inalcanzables en los tiempos prefijados para ello.

♦ Estresores relacionados de la organización

El problema deriva de las relaciones y grupos que se establecen en el trabajo tanto con superiores y subordinados como con compañeros de trabajo.

Los riesgos derivados de las relaciones dependerán de:

- ⇨ La comunicación formal e informal; Favorecen los contactos, reducen el aislamiento del trabajador o permite la ejecución normal del trabajo.
- ⇨ Las relaciones basadas en conductas de hostigamiento o acoso moral: Implican una comunicación hostil y amoral, de manera sistemática. En este caso, podría aparecer el mobbing.

- ⇨ Sentimiento de pertenencia: Falta de pertenencia que se traduce en una falta de interés en el trabajo y una mera identificación con la organización.

- ♦ Estresores relacionados con la persona

Se plantea fuera del ámbito de la empresa y comprenden los factores familiares, políticos, sociales y económicos que inciden sobre el individuo.

Estarán condicionados a las características de cada persona (personalidad, introversión, condición física, aspiraciones, formación y conocimientos adquiridos.

- ⇨ Procesos relacionados con el rol: Resulta incompatible el desempeño del rol laboral y el familiar.
- ⇨ Procesos de desbordamiento; Experiencias y cambios producidos que desbordan el ámbito familiar y alcanzan el laboral y a la inversa.
- ⇨ Procesos de socialización: Valores, actitudes y habilidades adquiridos en la familia que influyen en los comportamientos y actitudes de las personas en el trabajo y viceversa.

3.2. Desarrollo del estrés

Desde su aparición hasta que alcanza su máximo efecto, el estrés pasa por una serie de etapas, en las que se pueden tomar medidas para detener su progresión o permitir que siga su curso hasta llegar a sus últimas consecuencias. Estas etapas incluyen las siguientes tres fases:

3.2.1. Reacción de alarma

Cuando el organismo se ve expuesto repentinamente a estímulos a los que no está adaptado, se desencadena una reacción conocida como "reacción de alarma". Esta etapa inicial se compone de dos fases: la fase de choque y la fase de contra choque.

Durante la fase de choque, se produce una reacción inmediata al agente estresor, lo que puede provocar una serie de síntomas físicos, como taquicardia, pérdida del tono muscular, disminución de la temperatura y la presión sanguínea. Durante esta fase, se produce la descarga de hormonas como la adrenalina, el ACTH y los corticoides, que son respuestas primarias de defensa.

En la fase de contra choque, se produce una reacción de rebote caracterizada por la movilización de una fase defensiva que conlleva el agrandamiento de la corteza suprarrenal, signos de hiperactividad (incremento de corticoides) y otros síntomas opuestos a los de la fase de choque, como hipertensión, hiperglucemia y diuresis. Muchas enfermedades asociadas al estrés agudo se producen durante estas dos fases de la reacción de alarma.

3.2.2. Etapa de resistencia

Una vez que el organismo ha experimentado la fase de alarma, la siguiente etapa es la "fase de resistencia", donde se produce una adaptación al agente estresante y se produce una mejora y desaparición de los síntomas. Durante esta fase, el organismo adquiere una mayor resistencia al agente estresante particular, pero puede tener una menor resistencia a otros estímulos. La mayoría de los cambios fisiológicos y bioquímicos que se producen durante la fase de alarma disminuyen o se invierten durante la fase de resistencia, y se observan signos de anabolismo en lugar de catabolismo. En general, la fase de resistencia permite al organismo recuperarse del estrés y volver a un estado de equilibrio fisiológico.

3.2.3. Etapa de agotamiento

Cuando el organismo se expone prolongadamente a un estresor, puede perder la adaptación adquirida en la fase anterior y entrar en la tercera etapa o fase de agotamiento. El agotamiento se produce si el estresor es lo suficientemente severo y prolongado, y puede dar lugar a trastornos psicosomáticos y somato psíquicos. Esta fase conduce a la aparición de trastornos funcionales y enfermedades relacionadas con la adaptación al estrés. Por lo tanto, es importante tomar medidas para reducir o eliminar el estresor antes de que se llegue a la fase de agotamiento.

4. Entorno subjetivo de estrés

En el contexto laboral, no basta con identificar los estímulos o situaciones que pueden generar estrés, ya que la aparición y desarrollo de este trastorno no depende únicamente del valor estresante objetivo de una situación. La valoración subjetiva que el individuo realiza de dicho estresor es fundamental para su experiencia de estrés.

Por lo tanto, los términos "estrés" y "estresor" designan realidades diferentes, ya que una misma situación puede no ser estresante para una persona y sí serlo intensamente para otras.

Existen una serie de factores y variables en el entorno individual y social del trabajador que pueden intensificar o reducir la percepción de estrés de una situación.

Estas variables también influirán en el tipo de respuestas que el individuo emita para restablecer el equilibrio percibido, lo que a su vez repercutirá en su estado físico y psicológico. Por lo tanto, es importante tener en cuenta tanto los factores ambientales como los factores individuales al abordar el estrés laboral.

- ⇨ Variables sociodemográficas
- ⇨ Variables psicológicas
- ⇨ Variables sociales

5. Métodos para utilizar para evaluar el estrés laboral

El lugar de trabajo es un buen entorno en el que estudiar los efectos crónicos del estrés, aunque se han estudiado otros muchos entornos, por ej.: los atascos de tráfico, la contaminación acústica y la masificación en el transporte público.

Parece que la pérdida de control desempeña un papel crucial en estas situaciones en la experiencia de estrés. La mayoría de los individuos que trabajan experimentará en algún momento un estrés laboral y, aunque para muchas personas el estrés será de corta duración o controlable, para otras en cambio será crónico y perjudicial.

Una posible explicación del estrés en el entorno laboral es la que ofrecen las teorías de ajuste entre el individuo y el entorno (French, Caplan y Van Harrison, 1982), o el enfoque de la "bondad de ajuste" descrito por Lazarus (1991).

Estos enfoques sugieren que el estrés se produce porque existe una falta de ajuste entre las variables del entorno (demandas) y las variables de los individuos (recursos). Se considera que el "ajuste" es dinámico en vez de estático, y que las demandas y los recursos pueden cambiar a lo largo del tiempo.

Sin embargo, los primeros trabajos se centraban más en las características del entorno laboral que en las diferencias individuales, siendo un buen ejemplo de ello el modelo de demanda control del estrés laboral, o tensión laboral, planteado por Karasek y sus colaboradores (1979, 1981). Las características laborales identificadas como generadoras de estrés han sido:

⇨ Demandas

⇨ Controlabilidad

⇨ Predictibilidad

⇨ Ambigüedad

Para evaluar el estrés relacionado con el trabajo, se pueden considerar una serie de características generales, que se ilustran en una tabla con preguntas específicas para cada una de ellas.

Los factores estresantes crónicos y continuos, como una carga de trabajo excesiva permanente, pueden crear estrés en los empleados, así como situaciones tales como peticiones o interrupciones súbitas e inesperadas, la necesidad de tomar decisiones o la falta de claridad en las expectativas laborales.

El modelo de Karasek propone que la combinación de demandas y control determina si un empleado sufre estrés o no, con una demanda elevada y un bajo control contribuyendo a un mayor nivel de estrés y tensión en comparación con situaciones que tienen muchas demandas y mucho control (Karasek y Theorell, 1990). Por lo tanto, se pueden utilizar diferentes ítems para evaluar el estrés relacionado con el trabajo y analizar cómo estos factores influyen en el bienestar físico y psicológico de los empleados.

Nunca Rara vez A veces A menudo Casi siempre

Demandas
-Mi carga laboral no se acaba nunca
-Hay que cumplir los plazos constantemente
-Mi trabajo es muy excitante

Control
-Tengo autonomía para hacer mis tareas
-Hay demasiados jefes

Predictibilidad

-Mi trabajo consiste en reaccionar ante emergencias
-Nunca tengo claro qué es lo que se espera de mí

Ambigüedad

-Mi trabajo no está bien definido
-No estoy seguro de qué es lo que se espera de mí

Otros métodos para utilizar:

⇨ La evaluación del optimismo (LOT, Scheier y Carver, 1985)

⇨ La autoeficacia (GES, Jersualem y Schwarzer, 1992).

⇨ El apoyo social percibido en el hogar y en el lugar de trabajo, el estrés percibido, y angustiable malestar emocional (GHQ-12, Goldberg, 1992).

⇨ Listas de chequeo: nos ofrecen una visión genérica de los distintos ámbitos de la organización que pueden ser origen de estrés y de los posibles estresores. Entre ellos, conviene reseñar los publicados por la Fundación Europea para la Mejora de las Condiciones de Vida y de Trabajo: Listas de control de las condiciones de trabajo, listas de control sobre las relaciones sociales, cuestionarios sobre los problemas de salud.

Además, existen muchas otras escalas para la autoevaluación del estrés, como puede ser la de Thomas y Richard, que puntúa de 0 a 100 distintos sucesos a los que puede estar sometido un individuo a lo largo de un año.

En muchos entornos laborales, puede ser difícil o incluso imposible resolver o evaluar problemas relacionados con la sobrecarga laboral, la insuficiencia de trabajo o la ambigüedad del rol del trabajador.

En tales casos, el comportamiento de afrontamiento (como el consumo excesivo de alcohol) y el absentismo laboral pueden tener consecuencias graves para los empleadores, como la pérdida de productividad, la falta de personal y los accidentes laborales.

Resulta interesante que tanto la falta de trabajo como el exceso de trabajo puedan resultar estresantes, y que algunos empleados consideren la frustración y el aburrimiento tan estresantes como la sobrecarga laboral.

Para evaluar el estrés laboral, algunos métodos han logrado integrar tanto las características del individuo (como sus recursos de apoyo y características personales) como las características del entorno laboral.

6. Consecuencias del estrés

Hoy en día, existe una conciencia generalizada de que la exposición prolongada a situaciones de estrés ambiental puede provocar enfermedades físicas y mentales. El estrés se ha relacionado con una variedad de problemas de salud, como presión arterial alta, enfermedades cardíacas, úlceras y, en algunos casos, cáncer y esquizofrenia. Aunque aún no se sabe exactamente cómo el estrés provoca estas enfermedades, los estudios sobre las reacciones fisiológicas al estrés indican que tienen un impacto significativo, especialmente en lo que se refiere a las enfermedades físicas.

Es importante establecer medidas de prevención primaria eficaces para evitar o reducir el nivel de exposición a factores de riesgo psicosocial en el trabajo. Para ello, es necesario contar con instrumentos válidos y fiables que permitan monitorear el ambiente psicosocial en el trabajo, así como protocolos para la vigilancia de la salud de los trabajadores expuestos a estos factores de riesgo, basados en datos científicos.

El estrés es una reacción compleja que involucra aspectos biológicos, psicológicos y sociales. Aunque muchos de los cambios biológicos que se producen en el organismo en respuesta al estrés no son perceptibles para el ser humano, existen síntomas psicológicos que pueden ser fácilmente identificados por la persona que está sufriendo dichos cambios. La reacción más común cuando nos encontramos sometidos a una situación de estrés es la ansiedad.

Los síntomas de ansiedad más frecuentes son: (Cano, 2002)

- A nivel cognitivo subjetivo
  - ⇨ Preocupación,
  - ⇨ temor,
  - ⇨ inseguridad,
  - ⇨ dificultad para decidir,
  - ⇨ miedo,
  - ⇨ pensamientos negativos sobre uno mismo,
  - ⇨ pensamientos negativos sobre nuestra actuación ante los otros,
  - ⇨ temor a que se den cuenta de nuestras dificultades,
  - ⇨ temor a la pérdida del control,
  - ⇨ dificultades para pensar, estudiar, o concentrarse, etc.
- A nivel fisiológico
  - ⇨ Sudoración,
  - ⇨ tensión muscular,
  - ⇨ palpitaciones,
  - ⇨ taquicardia,
  - ⇨ temblor,
  - ⇨ molestias en el estómago o gástricas
  - ⇨ dificultades respiratorias,
  - ⇨ sequedad de boca,
  - ⇨ dificultades para tragar,
  - ⇨ dolores de cabeza
  - ⇨ mareo,
  - ⇨ náuseas,
  - ⇨ tiritar, etc.

1. AFECCIONES FUNCIONALES PSICOSOMÁTICAS (Sin lesión orgánica demostrable):
APARATO DIGESTIVO Constipación, diarreas, espasmos, ardores de estómago, náuseas, vómitos.
APARATO CIRCULATORIO Taquicardia (palpitaciones), dolores torácicos, hipertensión arterial.
APARATO RESPIRATORIO Aumento del ritmo respiratorio, broncoespasmos, asma, sensaciones de falta de aire, nudo en el pecho.
SISTEMA MÚSCULO-ESQUELÉTICO Dolores musculares, calambres frecuentes, espasmos, tics nerviosos, debilidad muscular.
APARATO UROLÓGICO Cólicos nefríticos, por espasmos de la musculatura ureteral, micciones frecuentes o imperiosas, tensión dolorosa perineal.
APARATO GENITAL Frigidez, impotencia, eyaculación precoz, dolores menstruales y congestión pelviana.

2. ENFERMEDADES ORGÁNICAS OBJETIVAS
Úlcera de duodeno o estómago
Infarto de miocardio
Arteriosclerosis
Obesidad exógena
Delgadez extrema (anorexia nerviosa)

♦ A nivel motor u observable

Evitación de situaciones temidas, fumar, comer o beber en exceso, intranquilidad motora (movimientos repetitivos, rascarse, tocarse, etc.), ir de un lado para otro sin una finalidad concreta, tartamudear, llorar, quedarse paralizado, etc.

El estrés, además de producir ansiedad, puede producir enfado o ira, irritabilidad, tristeza-depresión, y otras reacciones emocionales, que también podemos reconocer.

Pero además de estas reacciones emocionales podemos identificar claramente otros síntomas producidos por el estrés, como son el agotamiento físico, la falta de rendimiento, etc.

Finalmente, si el estrés es muy intenso y se prolonga en el tiempo, puede llegar a producir enfermedades físicas y desórdenes mentales; en definitiva, problemas de salud. Las consecuencias del estrés pueden ser a nivel individual o a nivel de organización.

- Consecuencias psicológicas
  - Preocupación excesiva.
  - Irritabilidad.
  - Agresividad.
  - Incapacidad para tomar decisiones.
  - Olvidos frecuentes.
  - Falta de concentración.
  - Trastornos del sueño.
  - Ansiedad.
  - Depresión.
- Consecuencias a nivel de conducta
  - Conductas impulsivas.
  - Tics.
  - Explosiones emocionales.
  - Trastornos en el apetito.
  - Tartamudeo.

- Consecuencias psicológicas
  - Preocupación excesiva.
  - Irritabilidad.
  - Agresividad.
  - Incapacidad para tomar decisiones.
  - Olvidos frecuentes.
  - Falta de concentración.
  - Trastornos del sueño.
  - Ansiedad.
  - Depresión.
- Consecuencias a nivel de conducta
  - Conductas impulsivas.
  - Tics.
  - Explosiones emocionales.
  - Trastornos en el apetito.
  - Tartamudeo.

En definitiva, una serie de desórdenes que empobrecen las relaciones familiares, sociales y laborales. O'Brien realizó un cuadro en el que especificaba los determinantes y consecuencias del estrés en el individuo. Principales determinantes y consecuencias del estrés laboral.

El siguiente cuadro está tomado de O'Brien, 1986.

DETERMINANTES (ESTRESORES)	CONSECUENCIAS
1. Contenido del trabajo • Ritmo de la máquina. • Infrautilización de las capacidades. • Sobreutilización de las capacidades. • Sobrecarga cuantitativa. • Baja participación en las decisiones laborales. • Presión horaria. • Monotonía.	**1. Conductuales** • Huelgas. • Absentismo. • Rendimiento disminuido. • Uso de drogas y alcohol. • Aumento del uso de los servicios médicos. • Accidentes.
2. Estructura y política organizacional • El rol de la ambigüedad. • Rol conflictivo. • Trabajo compartido. • Supervisión directiva. • Salario inadecuado.	**2. Salud física** • Hipertensión. • Úlcera Péptica. • Enfermedad respiratoria. • Dermatitis. • Enfermedad coronaria. • Cáncer.
3. Ambiente laboral • Ruido. • Contaminación. • Temperatura. • Escasa seguridad.	**3. Salud psicológica** • Depresión. • Ansiedad. • Alcoholismo, abuso de drogas. • Neurosis. • Enfermedad Psicógena.
4. Factores no relacionados con el trabajo • Eventos estresantes no laborales. • Demandas familiares. • Inseguridad económica.	
5. Personalidad • Ansiedad. • Personalidad Tipo A. • Locus de control externo – interno.	

Principales determinantes y consecuencias del estrés laboral
(Tomado de O'Brien, 1986)

♦ Consecuencias para la organización

Todos los síntomas descritos anteriormente no sólo inciden sobre el individuo, sino que a nivel laboral se produce un menor rendimiento y repercute de forma importante en un aumento del absentismo laboral. Como ejemplo, la OMS calcula que entre el 5 y el 10% de la población trabajadora sufre trastornos de salud mental, debidos a los factores psicosociales negativos.

Además de estos costos evidentes, existen otras pérdidas no tan manifiestas, pero no por ello menos importantes, que son las producidas por un descenso de productividad, un mal clima laboral, disminución de la creatividad, dificultades de relación, rotación de puestos.

Existen una serie de señales que advierten del peligro de estrés en la empresa.

- Señales de estrés en la empresa.
- Aumento de quejas de los clientes.
- Disminución de la productividad.
- Aumento del absentismo.
- Aumento de los comportamientos de riesgo, por tanto, mayor nivel de accidentes.
- Bajo aprovechamiento del tiempo.
- Aumento de costes para la empresa.
- Aumento del consumo de alcohol, medicamentos, tabaco.

7. Prevención del estrés

La influencia de los factores de riesgo psicosocial en la salud de los trabajadores es significativa. Por lo tanto, es fundamental implementar medidas preventivas eficaces para evitar o reducir la exposición a estos riesgos psicosociales en el trabajo.

Esto requiere la disponibilidad de herramientas válidas y fiables para evaluar el ambiente psicosocial en el lugar de trabajo, así como protocolos basados en datos científicos para monitorear la salud de los trabajadores expuestos a estos riesgos. A diferencia de otras áreas de la vida, las estrategias de afrontamiento utilizadas en el entorno laboral no suelen ser efectivas para reducir los efectos del estrés laboral (Doval et al., 2004, Afrontamiento del estrés laboral, 5).

El afrontamiento del estrés laboral radica muchas veces en la posibilidad de controlar los agentes estresantes externos, aunque generalmente estos no dependen exclusivamente de un solo individuo por lo que la mejor forma de enfrentarse al estrés laboral requiere de una lucha conjunta entre los miembros de la organización lo cual permitirá la solución más rápida de este trastorno de adaptación de los individuos. Escala (2004, como enfrentarse al estrés laboral, 11) presenta las siguientes claves para afrontar el estrés:

- Contar con una buena forma física.
- Llevar un ritmo de sueño y descanso adecuados.
- Tener tiempo de ocio y horarios de trabajo flexibles.
- Aprender técnicas de relajación.
- Fomentar el pensamiento positivo.

En cualquier etapa de la vida, es importante dedicar esfuerzo y perseverancia para alcanzar un rendimiento óptimo. Sin embargo, también es crucial que se incluyan períodos de descanso y relajación para obtener beneficios para el cuerpo y la mente.

Como se ha mencionado anteriormente, la prevención del estrés debe centrarse en la eliminación de las fuentes de estrés en su origen, es decir, en la intervención sobre los estresores que están actuando en el ambiente.

En ciertas situaciones, puede resultar imposible eliminar por completo las fuentes de estrés. Sin embargo, es importante tener en cuenta que distintas personas pueden reaccionar de manera diferente ante situaciones similares debido a factores personales y de adaptación.

Por tanto, es crucial proporcionar a los individuos estrategias para aumentar su capacidad de adaptación y afrontamiento de los estresores.

No obstante, es importante recordar que la intervención individual debe ser complementaria a una política de prevención del estrés que se centre en la organización y en la modificación de ciertas condiciones de trabajo que pueden actuar como estresores. De esta manera, se aborda tanto la prevención del estrés como el aumento de la capacidad de adaptación individual.

7.1. Técnicas de prevención para el individuo

Las técnicas que se presentan a continuación son herramientas útiles no solo para el tratamiento de diversos problemas de comportamiento, sino también para la prevención del estrés. Al proporcionar al individuo habilidades para mejorar su competencia en áreas personales, afectivas, sociales y laborales, se le dota de recursos para afrontar de manera satisfactoria el estrés diario. Es crucial que el individuo disponga de estos recursos para su buen funcionamiento, así como para el de la empresa y la sociedad en general.

El proceso de prevención y tratamiento del estrés es complejo y no existe fórmula única capaz de manejar este problema. La clave está en la disponibilidad de un repertorio flexible de soluciones que permitan afrontar una u otra según las circunstancias.

Las técnicas preventivas y de tratamiento pueden clasificarse en:

- ⇨ Técnicas generales.
- ⇨ Técnicas cognitivas.
- ⇨ Técnicas fisiológicas.
- ⇨ Técnicas conductuales.

A continuación, estudiaremos cada una de ellas con más detenimiento.

7.1.1. Técnicas generales

Su objetivo es incrementar los recursos personales, los recursos propios frente a todo tipo de estrés. Las principales técnicas generales son:

- ⇨ Prepararse ante el estrés
- ⇨ Aceptándolo como parte inevitable de la vida.
- ⇨ Descubrir sus causas y circunstancias.
- ⇨ Encararlo como un problema a resolver más que como una injusticia.
- ⇨ Sirviéndose de él para perfeccionarse y progresar.
- ⇨ Controlar los factores personales.
- ⇨ Dieta.
- ⇨ Descanso adecuado.
- ⇨ Ocio adecuado.
- ⇨ Cambio de ambiente.
- ⇨ Ejercicio físico no competitivo.
- ⇨ Tener claros los valores de uno.
- ⇨ Aumentar el grado de tolerancia hacia la incertidumbre.
- ⇨ Anticiparse al cambio.
- ⇨ Desarrollar apoyo social.
- ⇨ Controlar los factores referentes al trabajo
- ⇨ Establecer prioridades.
- ⇨ Suprimir algunas actividades.
- ⇨ Programar las exigencias.
- ⇨ Reducir las exigencias.
- ⇨ Rechazar las exigencias irracionales.
- ⇨ Elegir cuidadosamente las metas a conseguir.
- ⇨ Terminar los asuntos pendientes.
- ⇨ Fijar objetivos a corto plazo.

- ⇨ Establecer un horario limitado.
- ⇨ Expresar las emociones.
- ⇨ Concretar el papel de cada uno.

7.1.2. Técnicas cognitivas

Recordando la fórmula del estrés a la que nos referíamos al principio, estas técnicas se basan en la posibilidad que tiene el ser humano de cambiar su pensamiento, de transformar ese diálogo inter- no que continuamente tenemos con nosotros mismos.

Puesto que ya hemos señalado, que no nos daña lo que pasa, sino lo que nos decimos sobre lo que pasa, con estas técnicas se trataría de cambiar la percepción, interpretación y evaluación de los acontecimientos estresores.

Entre las técnicas cognitivas cabe destacar:

- Terapia racional emotiva de Ellis

Aunque mucha gente se empeña en pensar que son los acontecimientos externos los que están "lesionando" su personalidad, la teoría del ABC funciona con otros presupuestos: cuan- do ocurre un acontecimiento o experiencia en "A" (acontecimiento activador) la gente reacciona en "C" con determinadas consecuencias emocionales y de comportamiento.

Así enunciada, esta secuencia nos puede llevar a pensar incorrectamente, que lo ocurrido en "A" provoca directamente las reacciones correspondientes en "C".

Sin embargo, esto no es así, el mismo suceso en "A" provoca multitud de reacciones diferentes en "C", por lo tanto, entre A y C hay algo, "B", el sistema de creencias y valores de cada individuo, nuestros propios pensamientos, la manera en que cada uno interpreta y evalúa los acontecimientos que le están afectando y etiqueta la situación como buena o mala y de esta manera, modula las reacciones en "C".

Ellis parte de la siguiente hipótesis: el pensamiento y la emoción no son dos procesos separados, sino que se correlacionan en varios aspectos, pudiéndose modificar el dolor emocional, a través de cambios en el pensamiento.

El sujeto emocionalmente turbado, puede usar sólo parte de la información disponible. En cambio, el pensamiento, es un modo de discriminación más tranquilo, menos involucrado somáticamente. Ambos, pensamiento y emoción, interactúan en una relación circular causa/efecto, de tal forma, que es usual que nuestro pensamiento llegue a condicionar nuestra emoción y viceversa.

El problema está en una inadecuada codificación de la información, en otorgarle a las cosas un significado errado.

En su metodología, Ellis parte de que las perturbaciones emocionales ocurren cuando una persona MANDA, INSISTE Y DICTAMINA que él DEBE satisfacer sus deseos y necesidades. Es decir, DEMANDA tener éxito en tareas importantes y ser aprobado por personas significativas. INSISTE en que los otros lo traten ética y honestamente y MANDA que el universo sea agradable y menos hostil.

La Terapia Racional Emotiva de Ellis, trata de combatir estas ideas irracionales que todos poseemos y aplicamos de forma indiferenciada y general, llevándonos a interpretaciones erróneas de la situación.

- Técnica de las distorsiones cognitivas de Beck

Este autor considera que las personas, en particular los depresivos, poseen ideas negativas de sí mismos o de los demás. Piensan automáticamente empleando esquemas de generalización y magnificación, a partir de la ley del todo o nada.

Beck reúne las múltiples disonancias cognitivas señaladas por Ellis, en algunos temas generales tales como:

La inferencia arbitraria, que se refiere al proceso de llegar a una conclusión cuando ningún elemento objetivo permite hacerlo.

La sobre generalización, que surge cuando, a partir de un solo elemento de una situación, el sujeto lo extrapola y de este modo extrae una regla general.

La magnificación por la cual se exageran las implicaciones de una situación o un comportamiento.

La abstracción selectiva, por la cual la persona para emitir sus juicios se fija sólo en determinados detalles negativos, a la vez que ignora otros detalles de la situación.

♦ Detención del pensamiento

Se emplea para evitar el efecto catalizador, que, en el origen del estrés, tienen determinados pensamientos repetitivos negativo. Por ejemplo: "todo me sale mal".

En cuanto aparece este pensamiento habitual, que sabemos conduce a sufrir emociones des- agradables, se interrumpe el pensamiento subvocalizando la palabra "ALTO".

Luego se trata de cubrir el espacio dejado por el pensamiento interrumpido, con otros pre- parados que sean más realistas y constructivos.

Existen otras técnicas cognitivas como la desensibilización sistemática, la inoculación de estrés, el modelamiento encubierto,...

♦ Técnicas fisiológicas

Son técnicas que enseñan a controlar los efectos fisiológicos del estrés, a contrarrestar la sintomatología orgánica desagradable que nos crea ansiedad (taquicardia, dificultad respiratoria, tensión muscular . . .), mediante ejercicios específicos realizados de forma consciente, con la atención con- centrada en su desarrollo y en las sensaciones que aparecen durante su ejecución.

Las principales técnicas son:

⇨ Técnicas de respiración

"Lo esencial de la vida es saber reir y respirar." A.Watts

El fundamento de la salud es la buena circulación de la sangre, ya que éste es el sistema que transporta el oxígeno y los nutrientes a todas las células del organismo.

A través de distintas investigaciones se ha llegado a la conclusión de que la falta de oxígeno desempeña un papel oncógeno, es decir, destructivo importante. Indudablemente afecta a la calidad de las células.

Es evidente que la plena oxigenación de nuestro sistema debería de convertirse en nuestro interés principal. Una respiración más eficaz, es sin duda alguna lo primero.

La dificultad estriba en que la mayoría de las personas no saben respirar.

La manera más eficaz de respirar es: un tiempo de inspiración, cuatro de retención y dos de espiración. Siempre se inspira, se retiene cuatro veces y se espira el doble del tiempo de la inspiración.

Existen muchas técnicas dirigidas al aprendizaje de distintos tipos de respiración, para que cada uno practique aquélla que considere más eficaz.

⇨ Técnicas de relajación

Parten del principio comprobado según el cuál es imposible estar relajado físicamente y tenso emocionalmente. La tensión y la relajación son situaciones incompatibles.

Para una adecuada relajación existen diferentes técnicas. Las más conocidas son:

- Relajación progresiva de Jacobson.
- Entrenamiento autógeno de Schultz.
- Relajación mental.
- Autocontrol y meditación.

Otras ayudas a nivel fisiológico, para la reducción del estrés son: el ejercicio físico, una dieta equilibrada, no fumar, reducir el consumo de alcohol....

⇨ Técnicas conductuales

La finalidad de estas técnicas es promover estrategias de comportamiento que sean adaptativas al tipo de problema o situación que se quiera resolver, para evitar que se convierta en generador de estrés.

Las más importantes de éstas son:

a) Entrenamiento en habilidades sociales

Las habilidades sociales son la capacidad que tiene el individuo para percibir, entender, des- cifrar y responder a los estímulos sociales, especialmente a aquéllos que provienen del comportamiento de los demás.

Con el entrenamiento en habilidades sociales se trata de enseñar al individuo conductas que tienen más probabilidad de lograr éxito a la hora de conseguir una meta personal importan- te, tal como solicitar un aumento de sueldo, hacer una amistad, etc.

b) El entrenamiento asertivo

¿Qué es la asertividad? Se puede definir como la confianza puesta en nuestra propia persona, en nuestras opiniones, en nuestros derechos y en nuestras reclamaciones. Es una firmeza que emana de la propia personalidad, es una autoafirmación personal. (Defender tus derechos sin pisotear los derechos de los demás).

Las personas asertivas tienen capacidad para reconocer e identificar sus necesidades y hacérselas saber a los demás con toda confianza y claridad. Aceptan que los demás también tienen exactamente el mismo derecho que ellos a hacerse valer.

Con el entrenamiento asertivo se pretende conseguir una mayor capacidad para expresar los sentimientos de manera libre, sin agresividad frente a los demás.

Según Lazarus, los principales componentes de la conducta asertiva se pueden manifestar en los siguientes tipos de respuestas:

- La habilidad de decir NO a demandas que nos parezcan exageradas o fuera de lugar.
- La capacidad de expresar sentimientos positivos y negativos.
- La habilidad para iniciar, mantener y finalizar las conversaciones.

También se puede definir como la acción de mostrarse uno mismo, de afirmarse: "Así soy YO, Así pienso y Siento".

Existen diversas técnicas para conseguir un mayor nivel de asertividad:

- Técnicas de Autoinforme.
- Inventario de Asertividad de Rathus (RAS).
- Cuestionario situacional (SQ).
- Inventario de Resolución de conflictos (CRI).

c) Técnicas de resolución de problemas

Los problemas a los que no se encuentra solución pueden desembocar en un malestar crónico.

Cuando las estrategias de afrontación ordinaria fracasan, aparece un sentimiento creciente de indefensión que dificulta la búsqueda de soluciones y es aquí donde el problema empieza a ser insoluble.

Se puede definir un problema, como el fracaso para encontrar una respuesta eficaz. El problema aparece sólo cuando la respuesta es ineficaz.

El proceso de la resolución de problemas pasa por las siguientes fases:

- Delimitar el problema.
- Especificar el problema.
- Aclarar el objetivo.
- Lista de alternativas.
- Elegir una estrategia.
- Plan de acción.
- Imaginar el plan.
- Ponerlo en práctica.
- Evaluar los resultados.

Otras técnicas conductuales son: gestión del tiempo, toma de decisiones, formas de delegar.

7.2. Técnicas de prevención para la organización

Para abordar el problema del estrés en el entorno laboral de forma efectiva, es importante dirigir la intervención hacia las causas que originan el problema. En este sentido, la lucha contra el estrés debe centrarse en la modificación de ciertas condiciones de trabajo y aspectos organizativos que contribuyen a la aparición del estrés en los trabajadores.

Es necesario destacar que cualquier intervención en la empresa que afecte a la organización de esta no será fácil, ya que todavía hay directivos que centran su atención en problemas técnicos o económicos, sin prestar la debida atención a los recursos humanos. En algunos casos, esto se debe al desconocimiento de los responsables, mientras que en otros casos no se presentan de manera adecuada los planteamientos, objetivos y metodología que muestren que las medidas tomadas en cuanto a la organización de los recursos humanos son rentables.

Por lo tanto, se hace necesario demostrar a los directivos que la implementación de medidas preventivas que promuevan la salud y el bienestar de los trabajadores no solo beneficiará a los empleados, sino que también se traducirá en una mejora de la productividad y rentabilidad de la empresa. En este sentido, la implementación de políticas de prevención del estrés en el trabajo no solo es una responsabilidad ética y social, sino que también es una necesidad empresarial y económica.

7.2.1. Comunicación

No podemos dejar de mencionar la comunicación en cuanto a su consideración como agente estresor, cuando no está convenientemente estructurada en el seno de la empresa.

Los problemas que se pueden originar por una deficiente información y comunicación, el que el trabajador no tenga claramente definido que se espera de él, el que se mueva en una ambigüedad y conflicto de roles, es uno de los más potentes estresores.

Un buen sistema de información debe permitir a cada uno captar lo que se espera de él (tareas y objetivos a cumplir) y conocer los resultados del trabajo realizado.

Refiriéndonos a las tres clases de comunicación en la empresa, descendente, ascendente y horizontal, debemos de tener en cuenta las siguientes consideraciones para obtener una adecuada fluidez.

- Comunicación descendente

Su objetivo es informar a las personas para que contribuyan a la consecución de unos objetivos y consigan una mejor comprensión de la tarea y de la organización, consiguiendo así con este conocimiento aumentar el nivel de motivación.

- Comunicación ascendente

A pesar de que a este tipo de comunicación no siempre se le concede la importancia que tiene, es un gran facilitador para lograr unas buenas relaciones personales, sobre todo por- que constituye la condición básica para estimular la participación de los trabajadores.

En la práctica este tipo de comunicación suele plantear algunos problemas. Por una parte, algunas empresas restringen este tipo de comunicación y por otra los trabajadores en algunos contextos se retraen ante este tipo de comunicación porque identifican a los superiores jerárquicos como aquéllos que tienen poder en la empresa y que por su información pueden ser fuente de castigos.

- Comunicación horizontal

Una de las necesidades humanas es la de relación social, en el mundo laboral es precisamente a este nivel de comunicación horizontal, donde se puede satisfacer.

En este tipo de comunicación se produce el apoyo emocional de los trabajadores y es fuente de satisfacción.

7.2.2. Estilos de dirección

La concreción de unos estilos de mando en una organización produce una serie de efectos colaterales a veces distintos de los buscados, que pueden convertirse en fuente de estrés, tanto para los que ejercen el poder como para los destinatarios de este.

Por eso, aunque muy someramente, vamos a repasar los estilos de dirección y sus relaciones con el estrés.

Según estudios de Bachman y otros autores, el empleo del poder coercitivo está relacionado inversamente con la satisfacción laboral y con el desarrollo del trabajo.

Entre los distintos estilos de mando, parece que existe bastante unanimidad, en cuanto al éxito que en distintas organizaciones ha tenido, la denominada "dirección por objetivos".

La forma de supervisión incide no en el control sobre la función del trabajador sino en el control del producto final, del resultado último del trabajo, de los objetivos establecidos.

Para llegar a fijar los objetivos, se da participación a los trabajadores, se marcan los métodos, las necesidades de medios etc.

Está claro que para implantar este sistema de gestión es necesario entrenar y formar a los trabaja- dores para lograr una madurez personal que les permita autogestionarse, así como dotarles de los medios y recursos necesarios para poder llevar a cabo su trabajo.

Este tipo de gestión fomenta:

- ⇨ La identificación con la empresa.
- ⇨ La participación.
- ⇨ La responsabilidad.
- ⇨ La autonomía e iniciativa

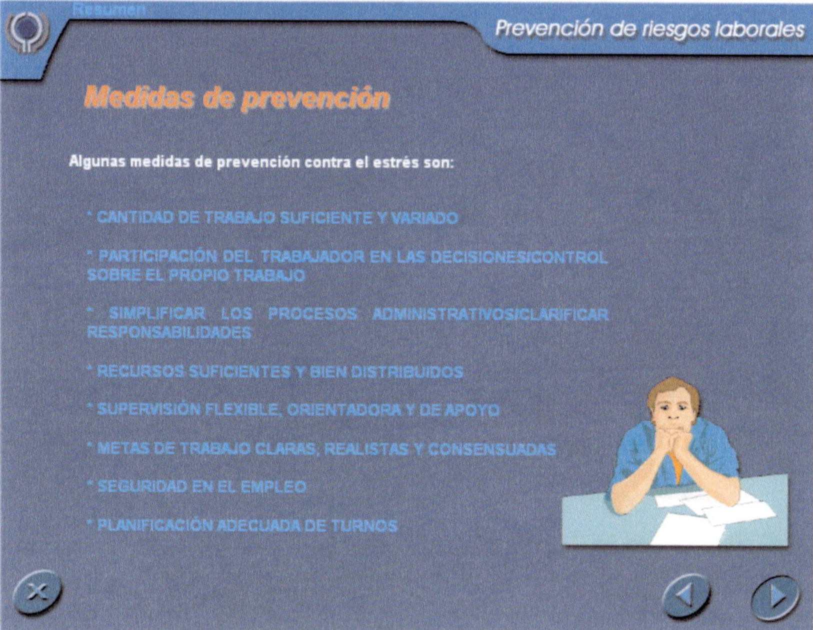

7.2.3. Apoyo social

El apoyo social, no podemos dejar de mencionarlo en este contexto, ya que, aunque se trata de un concepto relativamente nuevo, en su relación con el estrés, cada día son más las opiniones y los estudios que atestiguan que es un factor fundamental en la reducción del estrés en particular, y de la salud mental en general.

El apoyo social consiste en una preocupación emocional, una ayuda materia, información y/o una retroalimentación útil por parte de otros. Los estudios han demostrado que el apoyo es un recurso de afrontamiento que amortigua o reduce los efectos nocivos de las sustancias de estrés.

En el entorno organizacional los factores que determinan el apoyo social son muchos y muy varia- dos y van desde espacios puramente físicos y estructurales a aspectos de cultura y valores organizativos. Entre los factores más importantes del apoyo social podemos citar:

- La estructura organizacional, según sea esta participativa, formalizada o centralizada.

- ⇨ El número de empleados. A veces un gran número de empleados puede provocar un anonimato social, una despersonalización dentro de la globalidad.
- ⇨ Los estilos de mando.
- ⇨ La ubicación física. Hay situaciones que la disposición física de los puestos de trabajo puede provocar el aislamiento.
- ⇨ Los valores predominantes en la denominada "cultura de empresa", la competitividad, el individualismo o la participación.

En líneas generales el apoyo social puede afectar al estrés laboral y a la salud, de tres formas diferentes:

- ⇨ Contribuye a satisfacer necesidades humanas como la seguridad, el contacto social, pertenencia, estima, afecto,...
- ⇨ Contribuye a reducir directamente los niveles de estrés y por tanto a mejorar la salud.
- ⇨ Finalmente actúa como potencial para mitigar el impacto del estrés laboral sobre la salud. Ayuda a las personas a vivir de una forma más sana, incluso en presencia de situaciones estresantes.

Por ejemplo: en la relación con los mandos, estos pueden minimizar tensiones interpersonales a través de un adecuado apoyo social.

- ♦ Formas de favorecer el apoyo social:
  - ⇨ Accesibilidad, tanto física como psicológica. Para lograrlo hay que cuidar las condiciones de trabajo que faciliten las posibilidades de contacto entre los trabajadores.
  - ⇨ Formación. Es importante poner en evidencia a los trabajadores, de lo que supone el apoyo social, de cómo se da, de cómo se recibe y de la importancia de este para promover un clima laboral facilitador de una comunicación sana y eficaz.

Resumen

- El ambiente laboral actual, caracterizado por alta competitividad y demandas constantes, contribuye al estrés. Factores como la sobrecarga de trabajo, el rol del empleado y el horario, junto con factores ambientales como la política interna y las relaciones laborales, son identificados como causantes del estrés laboral.
- El estrés es un trastorno biopsicosocial global, exacerbado por la demanda de la sociedad moderna de que los individuos enfrenten desafíos laborales, sociales y emocionales diarios. Las causas y efectos del estrés laboral son diversos, y es crucial motivar y preparar a los trabajadores para afrontar estos retos sin descuidar su salud ocupacional. El ritmo acelerado de la sociedad moderna, impulsado por factores como el consumismo y la globalización, genera tensiones y estados emocionales que pueden interferir en la realización de tareas.
- Introducido por Hans Selye en 1926, el estrés se define como la respuesta del organismo ante estímulos estresantes, provocando cambios físicos, biológicos y hormonales que permiten adaptarse a demandas externas. Según Peiró (1992), el estrés es un fenómeno adaptativo crucial para la supervivencia y el rendimiento eficaz. Existen dos tipos de estrés: eustrés, una respuesta adaptativa positiva, y distrés, que ocurre cuando las demandas externas son excesivas y superan la capacidad de adaptación del individuo.
- Se estima que una de cada siete personas experimentará altos niveles de estrés, lo cual puede tener efectos negativos en la salud. En un estudio del sector de seguros, aproximadamente la mitad de los trabajadores estadounidenses consideran que su trabajo es extremadamente estresante, y muchos experimentan agotamiento emocional diario. A pesar de ser una respuesta natural necesaria para la supervivencia, un estrés excesivo puede resultar en problemas de salud como agotamiento o enfermedades psicosomáticas.

⇨ Hans Selye, el "padre del concepto de estrés", resaltó el papel del sistema nervioso central y las glándulas endocrinas en la respuesta al estrés. El enfoque moderno del estrés desde las ciencias del comportamiento considera la percepción individual de las demandas y la capacidad de respuesta como factores clave. El estrés laboral surge cuando las demandas del trabajo superan los recursos y habilidades del individuo para manejarlas. El Síndrome de Burnout, relacionado con el estrés laboral crónico, es una respuesta emocional y cognitiva a factores laborales e institucionales, y puede llevar a sentimientos de fracaso personal e incapacidad profesional.

⇨ Tipos de Estrés Laboral:

- Episódico: Estrés momentáneo que desaparece una vez resuelta la situación causante, como un despido.
- Crónico: Estrés recurrente debido a la exposición constante a un agente estresante, persistiendo mientras el problema no se evite.

⇨ Tipos de Estresores Psicosociales:

- Del Ambiente Físico: Incluyen iluminación, ruido, ambientes contaminados, temperatura, vibraciones, exposición a tóxicos, etc.
- Del Puesto y Contenido de Trabajo: Trabajo repetitivo, ritmo de trabajo, ambigüedad del rol, responsabilidad elevada, innovación tecnológica, sobrecarga o falta de trabajo, promoción y desarrollo profesional, horas extras, carga mental de trabajo.
- De la Organización: Cambios organizacionales, gestión de personal, formación, conflicto de rol, políticas de ascenso, estabilidad laboral, remuneración, clima organizacional, estilos gerenciales, falta de participación, metas no racionales.
- Relacionados con la Organización: Incluyen la comunicación, relaciones basadas en conductas de hostigamiento o acoso (mobbing), sentimiento de pertenencia.
- Relacionados con la Persona: Factores familiares, políticos, sociales, económicos, personalidad, y procesos de desbordamiento, socialización, y rol.

⇨ Desarrollo del Estrés:

- Reacción de Alarma: Fase inicial dividida en choque y contra choque, con respuestas físicas y descarga de hormonas como adrenalina y corticoides.

- Etapa de Resistencia: Adaptación al agente estresante, mejora de síntomas y cambios fisiológicos y bioquímicos hacia la recuperación.

- Etapa de Agotamiento: Pérdida de adaptación ante exposición prolongada al estresor, llevando a trastornos psicosomáticos y enfermedades relacionadas con el estrés.

⇨ Muchos trabajadores experimentan estrés laboral, que puede ser de corta duración o controlable para algunos, mientras que para otros puede ser crónico y perjudicial.

⇨ Para evaluar el estrés relacionado con el trabajo, se pueden considerar características generales ilustradas en una tabla con preguntas específicas. Factores estresantes crónicos como una carga de trabajo excesiva permanente y situaciones como interrupciones inesperadas, la necesidad de tomar decisiones o la falta de claridad en expectativas laborales también contribuyen al estrés. El modelo de Karasek ayuda a analizar cómo estos factores afectan el bienestar físico y psicológico de los empleados.

⇨ Claves para Manejar el Estrés: Incluye mantener una buena condición física, ritmos adecuados de sueño y descanso, tiempo de ocio, técnicas de relajación y fomentar el pensamiento positivo.

⇨ Técnicas de Prevención y Tratamiento del Estrés: Se clasifican en técnicas generales, cognitivas, fisiológicas y conductuales, todas orientadas a aumentar los recursos personales frente al estrés.

ICB
EDITORES

UNIDAD

1.3. Síndrome de Burnout

Contenido de la Unidad

- Definición de Burnout
- Desarrollo del Burnout
- Síntomas. Principales profesionales afectados por el síntoma
- Medición. Cuestionario de Maslash
- Causas que provocan el síndrome
- Estresores que contribuyen al desarrollo del síndrome
- Factores que intervienen en el síndrome de Burnout
- Consecuencias y manifestaciones
- Medidas de prevención del burnout
- Técnicas y estrategias como métodos preventivos
- Resumen

ICB
EDITORES

1. Definición de Burnout

El síndrome de "burnout" es una afección grave relacionada con el trabajo y el estilo de vida. Este trastorno emocional puede tener graves consecuencias físicas y psicológicas cuando se somatiza, lo que a menudo resulta en ansiedad, depresión y bajas laborales.

El síndrome de "burnout" representa un importante problema social y de salud pública, ya que es un trastorno adaptativo crónico que afecta la calidad de vida del profesional y la calidad de su trabajo. Como resultado, se produce un aumento de los costos económicos y sociales. Este síndrome de estrés crónico es común en los profesionales de servicios que proporcionan una atención intensa y prolongada a personas necesitadas o dependientes, como los trabajadores de la salud y los educadores, entre otros.

El "burnout" es un estado de agotamiento físico, mental y emocional que suele ser el resultado de una acumulación de estrés. La cantidad de estrés necesaria para desencadenar el "burnout" varía según diversos factores, como la personalidad, los hábitos, la genética y los mecanismos de defensa de cada persona. Cuando se llega a este estado, la persona puede caer en la rutina, despersonalizar a los demás y disminuir su atención a las necesidades humanas, mostrando una menor sensibilidad hacia los sentimientos y disminuyendo el apoyo emocional.

El "burnout" se define como una respuesta al estrés laboral crónico que se caracteriza por actitudes y sentimientos negativos hacia las personas con las que se trabaja y hacia el propio rol profesional, además de una sensación de agotamiento emocional. Este fenómeno es común en los profesionales de la salud y en aquellos que trabajan en organizaciones de servicios y tienen contacto directo con los usuarios.

Las principales causas del "burnout" son el exceso de tensión y trabajo. Para prevenirlo, es importante no implicarse demasiado en el trabajo ni poner en él demasiadas expectativas. También es necesario saber canalizar adecuadamente la entrega al trabajo y disfrutar del tiempo libre y de la familia.

El término "síndrome del quemado" o "burnout" fue acuñado por primera vez en 1974 por Herbert Freudenberger, un psicólogo clínico que trabajaba con cuidados alternativos de salud y estaba familiarizado con las respuestas al estrés de los trabajadores de este ámbito. Sin embargo, su categorización y difusión se deben principalmente a Cristina Maslach, una investigadora de psicología social que estudiaba las formas de afrontamiento emocional en el trabajo a partir de la segunda mitad de los años setenta.

En 1974, Freudenberger describió el síndrome como "un estado de fatiga o frustración que se produce por la dedicación a una causa, forma de vida o relación que no produce el esperado refuerzo".

En 1974, el psiquiatra y psicoanalista Herbert Freudenberger utilizó el término "burnout" para describir la fatiga y el cansancio resultantes de la desproporción entre los esfuerzos realizados y los resultados obtenidos. Este proceso suele comenzar con la pérdida de ilusión profesional, lo que lleva al docente a aumentar su esfuerzo y, por consiguiente, a sentir una mayor sensación de estrés. Como resultado, el profesor puede experimentar irritación, tensión o miedo hacia el aula y hacia sus compañeros y alumnos. El docente con "burnout" suele tener una percepción exagerada de sus limitaciones y teme que sus dificultades sean percibidas por sus compañeros o que tenga que recurrir a la dirección para imponer disciplina, entre otros.

En 1976, la psicóloga social Cristina Maslach estudiaba las respuestas emocionales de los empleados de profesiones de ayuda a personas. Al igual que los abogados californianos que utilizaban el término "burnout" para describir el proceso gradual de pérdida de responsabilidad profesional y desinterés cínico entre sus compañeros de trabajo, Maslach decidió emplear esta misma expresión debido a su gran aceptación social entre los afectados que se sentían fácilmente identificados con este término descriptivo. El "burnout" puede afectar la salud del docente, causar desajustes psicológicos, pérdida de autoestima y una creciente insatisfacción laboral.

En 1980, Chernis propuso que el "burnout" es un proceso continuo y fluctuante en el tiempo en el que las actitudes y las conductas de los profesionales cambian de forma negativa en respuesta al estrés laboral.

Pines y Aronson, en 1981, definieron el "burnout" como "el estado de agotamiento mental, físico y emocional producido por la involucración crónica en el trabajo en situaciones emocionalmente demandantes". Por otro lado, Cox y Mackay, en el mismo año, señalaron que el concepto de "burnout" puede ser conceptualizado como un estímulo, una respuesta, una percepción o una transacción.

En 1984, Brill propuso una definición menos conocida pero más precisa del "burnout". Lo describió como un estado disfuncional relacionado con el trabajo que afecta a una persona que antes había funcionado bien tanto en rendimiento como en satisfacción personal en su puesto de trabajo. Actualmente, no puede conseguirlo de nuevo sin una intervención externa o un cambio laboral. El "burnout" puede ser causado por un salario insuficiente, dificultades físicas, incompetencia debido a la falta de conocimientos o cualquier otro trastorno mental existente.

Maslach y Jackson (1986) definieron el "burnout" como un síndrome compuesto por agotamiento emocional, despersonalización y baja realización personal. Este síndrome ocurre principalmente entre individuos que trabajan con personas. El agotamiento emocional se refiere a la disminución y pérdida de recursos emocionales, mientras que la despersonalización o deshumanización consiste en desarrollar actitudes negativas, insensibilidad y cinismo hacia los receptores del servicio prestado. Por último, la falta de realización personal se refiere a la tendencia a evaluar el propio trabajo de forma negativa, lo que puede llevar a sentimientos de insuficiencia personal y baja autoestima profesional.

Por otro lado, Etzion (1987) describe el "burnout" como un proceso latente, solapado y silencioso que se desarrolla lentamente desde su inicio, sin señales notorias, hasta que hace su aparición de forma repentina e inesperada, como una experiencia devastadora de agotamiento personal, sin que se pueda explicar por qué sucedió.

Pines y Aronson (1988) ofrecen una definición más amplia del "burnout", que no se limita a las profesiones de ayuda. Lo describen como un estado de agotamiento mental, físico y emocional producido por la involucración crónica en el trabajo en situaciones emocionalmente demandantes.

El agotamiento físico se caracteriza por baja energía, fatiga crónica, debilidad general y una amplia variedad de manifestaciones psicosomáticas. El agotamiento emocional incluye sentimientos de incapacidad, desesperanza y alienación con el trabajo. El desarrollo del "burnout" puede llevar a dejar el trabajo o cambiar de profesión para evitar el contacto con personas. Por último, el agotamiento emocional se refiere al desarrollo de actitudes negativas hacia uno mismo, hacia el trabajo y hacia la vida misma.

En su libro "Desencadenantes del estrés laboral" (1993), Peiró recoge la clasificación de las definiciones de estrés realizada por Cox y Mackay. Cabe destacar que el término "burnout" procede del mundo del deporte y se utilizaba para describir la situación que vivían los deportistas cuando no obtenían los resultados deseados a pesar de sus grandes esfuerzos y entrenamientos. Asimismo, este término se empleaba de manera coloquial para referirse a los efectos del abuso crónico de drogas.

Durante bastante tiempo, numerosos autores han centrado su interés en el concepto de estrés. Freudenberger (1974, 1977, 1980) y Maslach y Jackson (1981, 1982, 1986) han estudiado el síndrome de "burnout" como una respuesta al estrés emocional crónico, caracterizado por agotamiento físico y psicológico, actitud fría y despersonalizada en la relación con los demás y sentimiento de inadecuación en las tareas que se deben realizar. Parece ser que este síndrome afecta especialmente a personas cuyas profesiones se centran en la atención y el ofrecimiento de servicios humanos directos y de gran relevancia para el usuario, como enfermeros, profesores, policías, cuidadores, entre otros.

Aunque objeto de numerosas investigaciones (Olabarría, 1995), hasta hace poco, el "burnout" no estaba recogido en las clasificaciones psicopatológicas internacionales. Este síndrome es un estrés crónico (distrés) experimentado en el contexto laboral, formando parte de un proceso (Meir, 1983; Álvarez y Fernández, 1991a, b). Sin embargo, es necesario diferenciar el "burnout" de otros síndromes o nociones, y muchos autores hacen hincapié en que se trata de una forma de estrés ocupacional con entidad propia, estudiado en la población laboral de servicios directos a otras personas (Ribera, Cartagena, Reig, Romá, Sans y Caruana, 1993; Pines, Aaronson y Kafry, 1981, entre otros).

La exposición prolongada a estresores laborales puede llevar a los profesionales que trabajan en contacto directo con las personas a sufrir el síndrome de desgaste Burnout, caracterizado por agotamiento emocional, despersonalización y disminución del sentido de realización personal. A partir de esta conceptualización, se han llevado a cabo diversos estudios para precisar su contenido, buscar las causas, determinar indicadores y predictores, y prevenir este desgaste. Sin embargo, la falta de énfasis inicial en el desarrollo de teorías sobre el síndrome impidió la creación de un marco teórico conceptual que integrara y evaluara los distintos hallazgos y soluciones propuestas. Por lo tanto, es importante considerar el burnout desde una perspectiva clínica y psicosocial.

El síndrome de burnout puede ser abordado desde dos perspectivas diferentes: la clínica y la psicosocial. Desde la perspectiva clínica, se entiende como un estado consecuencia del estrés laboral, y se destacan los trabajos de Freudenberger (1974) y de Pines y Aaronson (1988). Por otro lado, desde la perspectiva psicosocial, se trata de un proceso que se desarrolla por la interacción de características del entorno laboral y de orden personal, y se destacan los trabajos de Maslach y Jackson (1981).

El síndrome se caracteriza por agotamiento emocional, despersonalización y baja realización personal, y puede llevar a una pérdida progresiva del idealismo, la energía y la motivación en el trabajo.

El síndrome de burnout es una consecuencia del estrés crónico en el contexto laboral y se caracteriza por la disminución y pérdida de energía, fatiga, actitudes negativas e insensibilidad hacia los receptores del servicio prestado y una tendencia a evaluar de forma negativa el propio trabajo. Afecta principalmente a aquellos cuyo trabajo tiene una repercusión directa sobre la vida de otras personas y están en permanente contacto con los demás, como enfermeros, profesores, policías, cuidadores, entre otros. Además, puede desencadenarse en ambientes laborales en los que el trabajador se ve sometido a una situación de maltrato, aislamiento o menosprecio (mobbing o acoso moral).

Las causas u orígenes del burnout pueden estar en haber experimentado anteriormente elevados niveles de estrés debido a demandas laborales temporales inusuales, relaciones laborales inadecuadas, trabajar con excesos de demanda, sin recursos adecuados, en aislamiento, haber sentido temor a ser objeto de violencia (física o psicológica), desempeñar roles ambiguos, tener oportunidades de promoción limitadas o carecer de apoyo, entre otros factores.

Si bien el síndrome de burnout puede afectar a todas las profesiones, algunos trabajos tienen un mayor riesgo que otros. Según el tipo de estrés que genere la ocupación laboral, se puede establecer una clasificación de los trabajadores quemados, incluyendo el estrés de la competitividad, de la creatividad, de la responsabilidad y entrega, de las relaciones, de la prisa, de la expectativa, del miedo y del aburrimiento.

El síndrome de burnout, también conocido como desgaste profesional, es un trastorno adaptativo crónico que se produce como consecuencia de un estrés laboral prolongado y agotador. Este estrés puede ser generado por diversos factores, como una organización autoritaria y alienante, un desplazamiento penoso del hogar al trabajo, la inseguridad laboral, el temor a perder el empleo, la preocupación económica, entre otros. Estos factores configuran un entramado de fenómenos que dan lugar a un trastorno que a menudo acaba en una depresión con unas características muy definidas, como la falta de ilusión y motivación y el agotamiento físico y mental que no desaparece con el descanso.

El síndrome de burnout ha sido objeto de estudio por los psicólogos desde los años 70, y hace referencia al desgaste profesional y el estrés producido por el desajuste que se da entre las expectativas de cada profesional y la realidad del trabajo. Cuando no se consiguen los resultados u objetivos propuestos, a pesar de haber intentado por todos los medios y de acuerdo con las posibilidades, hace su aparición el sentimiento que puede desencadenar el estar quemado.

Los profesionales afectados por el síndrome de burnout suelen tener unos rasgos de personalidad comunes, como ser personas muy optimistas y entregadas al trabajo, idealistas honradas, con iniciativa e independientes.

Este síndrome afecta principalmente a mujeres y a aquellos que no tienen demasiado apoyo familiar, no disponen de pareja o que han empezado en esos momentos su carrera profesional.

La ironía del síndrome de burnout es que le sucede a la misma persona que previamente era un profesional con mucho entusiasmo, ideas y despliegue de energía. Es el caso de quien abriga expectativas muy altas respecto a la consecución de ciertos objetivos. Transcurre el tiempo sin los resultados esperados y en vez de que el sujeto revise sus objetivos y revalore la realidad, se frustra al insistir en logros que escapan a las posibilidades reales.

Este síndrome se puede medir a través de un cuestionario elaborado por Maslach en 1986. En ocasiones, los afectados llegan a abandonar el puesto de trabajo en el mejor momento de su vida profesional. El estar quemado, aparte de afectar a quien lo sufre directamente, también influye colateralmente en las personas que están alrededor del profesional y que padecen su actitud, que suele ser apática y negativa, mostrándose ariscos y distantes.

Los niveles excesivos de estrés pueden tener consecuencias desfavorables tanto para la organización como para el individuo. Es por esto por lo que su estudio se ha considerado en muchos medios y especialmente desde el punto de vista de la Salud Laboral, importante para salvaguardar el bienestar físico y psíquico del trabajador. Es necesario tomar medidas para prevenir el síndrome de burnout, como la promoción de un ambiente laboral adecuado, el apoyo a los trabajadores y la revisión constante de objetivos y expectativas para ajustarlos a la realidad.

2. Desarrollo del Burnout

El Síndrome de Burnout se desarrolla a través de una combinación de factores desencadenantes y predisponentes relacionados con la actividad laboral, los esquemas culturales, los factores ocupacionales, educativos y personales. Los factores desencadenantes incluyen eventos laborales significativos como despidos, ascensos, traslados y accidentes, así como relaciones interpersonales inadecuadas, competitividad personal o empresarial y reorganización empresarial.

Por otro lado, los factores predisponentes pueden incluir esquemas culturales inadecuados que aumentan las exigencias profesionales y disminuyen la confianza en uno mismo, así como factores ocupacionales, como la respuesta a las necesidades de las personas atendidas, la competitividad extrema, la falta de apoyo significativo, líderes que influyen negativamente, pocas oportunidades de promoción y sobrecarga laboral. Además, factores educativos, como la falta de formación en técnicas de control emocional y manejo de la ansiedad, también pueden contribuir a la aparición del síndrome.

Por último, factores personales, como el estado civil, el nivel educativo, la procedencia étnica, la edad, la religión, el sexo y los rasgos de personalidad, como la obsesividad, la dependencia, el narcisismo o la pasividad-agresividad, también pueden ser importantes para el desarrollo del síndrome. Es importante tener en cuenta estos factores para prevenir y tratar el Síndrome de Burnout en el lugar de trabajo.

- Variable Dependiente

La variable dependiente es la presencia del síndrome de Burnout, el cual se descompone en tres dimensiones:

- ⇨ Despersonalización
- ⇨ Cansancio emocional
- ⇨ Realización personal

- Variables Independientes
  - ⇨ Área de trabajo: Asistencial, administrativa
  - ⇨ Tipo de área
  - ⇨ Edad
  - ⇨ Género
  - ⇨ Escolaridad
  - ⇨ Antigüedad en la empresa
  - ⇨ Turnicidad
  - ⇨ Tipo de Vinculación

El síndrome de Burnout se compone de tres dimensiones: el agotamiento emocional, la despersonalización y la baja realización personal.

El agotamiento emocional puede manifestarse como fatiga, falta de energía y de motivación, tanto física como psicológica.

La despersonalización se refiere a la actitud negativa hacia las personas del entorno laboral, con irritabilidad y pérdida de motivación hacia el trabajo.

La baja realización personal se manifiesta como una respuesta negativa hacia uno mismo y el trabajo, incluyendo baja autoestima, baja productividad e incapacidad para soportar la presión.

La despersonalización es considerada el elemento clave del síndrome, ya que representa una manifestación del estrés. Además, las mujeres tienden a presentar más agotamiento emocional, mientras que los hombres suelen presentar más despersonalización y actitudes negativas hacia los clientes.

Entre las variables individuales que influyen en el síndrome de Burnout se encuentran las características de personalidad, siendo este síndrome más frecuente en personas competitivas, perfeccionistas y con altas expectativas. Estas personas tienden a fijarse metas elevadas, a impacientarse consigo mismas y a funcionar bajo fuertes presiones de tiempo que ellos mismos generan, independientemente de su entorno laboral.

El Síndrome de Burnout se caracteriza por un proceso que comienza con el cansancio emocional, el cual se refiere a una progresiva pérdida de energía y desproporción entre el trabajo realizado y el agotamiento experimentado.

La despersonalización es otra dimensión del síndrome, en la que las personas responden a los sentimientos de impotencia, indefensión y desesperanza personal, mostrando una actitud hostil hacia el medio y una fachada hiperactiva que aumenta su sensación de agotamiento.

La tercera fase del proceso es el abandono de la realización personal, en la que las personas se retiran de actividades no laborales y experimentan una pérdida de ideales, creando una especie de auto-reclusión.

En general, el síndrome de Burnout afecta la salud emocional y física de las personas, ya que se asocia con un mayor riesgo de enfermedades cardiovasculares, depresión y ansiedad, y una disminución de la calidad de vida. Las personas que presentan esta patología suelen ser perfeccionistas y competitivas, con altas demandas de trabajo y presiones de tiempo que generan ellos mismos.

Algunos investigadores añaden una cuarta.

Tendencia al cinismo. Desprecio del entorno y tendencia a culpabilizar a los demás de las propias frustraciones laborales.

3. Síntomas. Principales profesionales afectados por el síntoma

Los síntomas que alertan del estado son la falta de ilusión o motivación por el trabajo, agotamiento físico y psíquico que no remite con el descanso, bajo rendimiento laboral, absentismo, sentimientos de frustración y descontento, etc...

Entre los síntomas físicos podemos encontrar el insomnio, alteraciones gastrointestinales, taquicardias, aumento de la presión arterial y cefaleas, entre otros.

Afecta principalmente a profesiones que exigen entrega, implicación, idealismo y servicio a los demás y se asienta sobre una personalidad perfeccionista con un alto grado de autoexigencia, con una gran tendencia a implicarse en el trabajo.

El síndrome se localiza sobre todo en trabajadores sociales, profesionales de alto riesgo y penitenciarios, también afecta a otras profesiones como la de empresario, alto directivo ó en empleos rutinarios y monótonos. Otros factores asociados son la insatisfacción marital, relaciones familiares empobrecidas, falta de tiempo de ocio y supresión de la actividad física, junto con insatisfacción permanente y sobrecarga en la agenda laboral, en síntesis, a estas personas, víctimas del síndrome de Burnout, les resulta casi imposible disfrutar y relajarse.

Ahora los profesionales creen que hay que dar un paso más y reconocer el síndrome burnout no sólo como accidente sino también como enfermedad laboral. El listado que recoge estas enfermedades, realizado en 1978, es bastante restrictivo y el estrés o la ansiedad no forman parte de él.

4. Medición. Cuestionario de Maslash

Existen varios instrumentos para medir el Síndrome de Burnout, siendo el M.B.I., el mejor instrumento de medida como afirma Enrique J. Garcés de los Fayos Ruiz en su trabajo tesis sobre el Burnout, donde concluye después de una amplia revisión que este instrumento de medida es fiable, valido y con una estructura factorial adecuada para ser utilizado en estudios de este tipo.

Por medio del cuestionario Maslach, que de forma autoaplicada, mide el desgaste profesional se complementa en 10 o 15 minutos y mide los tres aspectos del síndrome: cansancio emocional, des- personalización y realización personal. El denominado MBI (Maslach Bunout Inventory), se trata de un cuestionario constituido por 22 ítems en forma de afirmaciones, sobre los sentimientos y actitudes del profesional en su trabajo y hacia los clientes/ compañeros.

La escala de valoración es la siguiente:

0 = Nunca

1 = Pocas veces al año o menos

2 = una vez al mes o menos

3 = unas pocas veces al mes o menos

4 = una vez a la semana

5 = pocas veces a la semana

6 = todos los días

Evaluación	Preguntas
Nº Preguntas	Respuesta
1	Me siento emocionalmente agotado por mi trabajo
2	Me siento cansado al final de la jornada de trabajo
3	Me siento fatigado cuando me levanto por la mañana y tengo que ir a trabajar
4	Comprendo fácilmente cómo se sienten los clientes / compañeros
5	Trato a algunos clientes / compañeros como si fueran aspectos impersonales
6	Trabajar todo el día con mucha gente es un esfuerzo

7 Trato muy eficazmente los problemas de los clientes / compañeros
8 Me siento quemado por mi trabajo
9 Creo que influyo positivamente con mi trabajo en la vida de las personas
10 Me he vuelto más insensible con la gente desde que ejerzo ésta profesión.
11 Me preocupa el hecho de que este trabajo me endurezca emocionalmente
12 Me siento muy activo
13 Me siento frustrado en mi trabajo
14 Creo que estoy trabajando demasiado
15 Realmente no me preocupa lo que le ocurre a mis clientes / compañeros
16 Trabajar directamente con personas me produce estrés
17 Puedo crear fácilmente una atmósfera relajada con mis clientes
18 Me siento estimulado después de trabajar con mis clientes / compañeros
19 He conseguido muchas cosas útiles en mi profesión
20 Me siento acabado
21 En mi trabajo trato los problemas emocionales con mucha calma
22 Siento que los clientes / compañeros me culpan por alguno de sus problemas.

Se suman las respuestas dadas a los item que se señalan:

Cansancio emocional 1-2-3-6-8-13-14-16-20
Despersonalización 5-10-11-15-22
Realización personal 4-7-9-12-17-18-19-21

Se suman las respuestas dadas a los item que se señalan:
Cansancio emocional 1-2-3-6-8-13-14-16-20
Despersonalización 5-10-11-15-22
Realización personal 4-7-9-12-17-18-19-21

Veamos más detalladamente los resultados de cada subescala:

⇨ Subescala de agotamiento emocional: valora la vivencia de estar exhausto emocionalmente por las demandas del trabajo. Puntuación máxima 54.

⇨ Subescala de despersonalización: valora el grado en que cada uno reconoce actitudes de frialdad y distanciamiento. Puntuación máxima 30.

⇨ Subescala de realización personal: evalúa los sentimientos de auto eficiencia y realización personal en el trabajo. Puntuación máxima 48.

Puntuaciones altas en los dos primeros y baja en el tercero definen el síndrome burnout

En la tabla siguiente se recogen algunos de los instrumentos más utilizados:

Instrumento de medida	Autores
Staff Burnout Scale	Jones (1980)
Indicadores del Burnout	Gillespie (1980)
Emener-Luck Burnout Scale	Emener y Luck (1980)
Tedium Measure (Burnout Measure)	Pines, Aronson y Kafry (1981)
Maslach Burnout Inventory	Maslach y Jackson (1981)
Burnout Scale	Kre mer y Hofman (1985)
Teacher Burnout Scale	Seidman y Zager (1986)
Energy Depletion Index	Garden (1987)
Mattews Burnout Scale for Employees	Mattews (1990)
Efectos Psíquicos del Burnout	García Izquierdo (1990)
Escala de Variables Predictoras del Burnout	Aveni y Albani (1992)
Cuestionario de Burnout del Profesorado	Moreno y Oliver (1993)
Holland Burnout Assessment Survey	Holland y Michael (1993)
Rome Burnout Inventory	Venturi, Dell'Erba y Rizzo (1994)
Escala de Burnout de Directores de Colegios	Friedman (1995)

5. CAUSAS QUE PROVOCAN EL SÍNDROME

Entre las principales causas que provocan el síndrome están los problemas internos entre la empresa y el individuo, la desorganización en el ámbito laboral pone en riesgo el orden y la capacidad de rendimiento del empleado, esto sucede cuando no hay claridad de roles y las tareas que debe des- empeñar cada uno de los empleados, también influye la deficiente estructuración del horario y las tareas en el trabajo suelen producir cuadros de depresión, ansiedad, fatiga crónica, trastornos del sueño, frustración, el desarrollo de actitudes pesimistas, la competencia desmedida entre los compañeros, un lugar físico insalubre para trabajar y la escasez de herramientas o útiles.

Cuando se desequilibran las expectativas individuales del profesional y la realidad del trabajo diario, se considera un trastorno adaptativo crónico y puede sobrevenir tanto por un excesivo grado de exigencia como por escasez de recursos. Pasamos a enumerar algunas causas de síndrome:

- ⇨ Exceso de demanda laboral
- ⇨ Sobre esfuerzo con una respuesta emocional de ansiedad
- ⇨ Fatiga
- ⇨ Manifestaciones de desmoralización y pérdida de ilusiones.
- ⇨ El último paso es la pérdida de vocación por las limitaciones de la infraestructura o la manera en que la autoridad considera los valores profesionales.
- ⇨ Escasez de personal, que supone sobrecarga laboral
- ⇨ Trabajo en turnos
- ⇨ Trato con usuarios / compañeros problemáticos
- ⇨ Falta de especificidad de funciones y tareas, lo que supone conflicto y ambigüedad de rol
- ⇨ Falta de autonomía y autoridad en el trabajo para poder tomar decisiones
- ⇨ Rápidos cambios tecnológicos.
- ⇨ Baja expectativa de qué hacer para que el trabajo sea tenido en cuenta y valorado

6. Estresores que contribuyen al desarrollo del síndrome

- ⇨ Nivel Individual: la existencia de sentimientos de altruismo e idealismo lleva a los profesionales a implicarse excesivamente en los problemas de los usuarios, y convierten en un reto personal la solución de los problemas. Consecuentemente, se sienten culpables de los fallos, tanto propios como ajenos, lo cual redundará en bajos sentimientos de realización personal en el trabajo y alto agotamiento emocional.

- ⇨ Relaciones Interpersonales: las relaciones con los usuarios y con los compañeros de igual o diferente categoría, cuando son tensas, conflictivas y prolongadas, van a aumentar los sentimientos de quemarse por el trabajo, Asimismo, la falta de apoyo en el trabajo por parte de los compañeros y supervisores, o por parte de la dirección o de la administración de la organización son fenómenos característicos de estas profesiones que aumentan también los sentimientos de burnout.
- ⇨ Nivel Organizacional: los profesionales que trabajan en organizaciones que responden al esquema de una burocracia profesionalizada inducen problemas de coordinación entre sus miembros, sufren la incompetencia de los profesionales, los problemas de libertad de acción, la incorporación rápida de innovaciones, y las respuestas disfuncionales por parte de la dirección a los problemas organizacionales. Todo ello resulta en estresores del tipo de ambigüedad, conflicto y sobrecarga de rol.
- ⇨ En el Entorno Social: se encuentran como desencadenantes las condiciones actuales de cambio social por as que atraviesan las profesiones (la aparición de nuevas leyes y estatutos que regulan el ejercicio de la profesión, nuevos procedimientos en la práctica de tareas y funciones, cambios en los programas de educación y formación, cambios en los perfiles demográficos de la población que requieren cambios en los roles, aumento de las demandas cuantitativa y cualitativa de servicios por parte de la población, pérdida de status y/o prestigio...)

Así pues, para quemarse en un trabajo es necesario haber estado altamente implicado en él y que se produzca una discrepancia importante entre las expectativas individuales y la realidad de la vida laboral. Al mismo tiempo no sólo las personas recargadas de tareas o responsabilidad son las que sufren un excesivo estrés, tener una vida sin motivaciones, sin proyectos, o pasar por una etapa de desocupación puede provocar el mismo desenlace.

7. FACTORES QUE INTERVIENEN EN EL SÍNDROME DE BURNOUT

Los factores que más se han estudiado como variables que intervienen en el desarrollo del síndrome de Burnout son:

- ⇨ Características del puesto y el ambiente de trabajo: La empresa es la que debe organizar el trabajo y controlar el desarrollo de este. Corresponde a ella la formación del empleado, delimitar y dejar bien claro el organigrama para que no surjan conflictos, especificar horarios, turnos de vacaciones, etc. Debe funcionar como sostén de los empleados y no como elemento de pura presión. La mayor causa de estrés es un ambiente de trabajo tenso. Ocurre cuando el modelo laboral es muy autoritario y no hay oportunidad de intervenir en las decisiones. La atmósfera se tensa y comienza la hostilidad entre el grupo de trabajadores. Según los expertos, el sentimiento de equipo es indispensable para evitar el síndrome.

- ⇨ Los turnos laborales y el horario de trabajo, para algunos autores, el trabajo por turnos y el nocturno facilita la presencia del síndrome. Las influencias son biológicas y emocionales debido a las alteraciones de los ritmos cardiacos, del ciclo sueño-vigilia, de los patrones de temperatura corporal y del ritmo de excreción de adrenalina.

- ⇨ La seguridad y estabilidad en el puesto, en épocas de crisis de empleo, afecta a un porcentaje importante de personas, en especial a los grupos de alto riesgo de desempleo (jóvenes, mujeres, los personas de más de 45 años).

- ⇨ La antigüedad profesional, aunque no existe un acuerdo claro de la influencia de esta variable, algunos autores han encontrado una relación positiva con el síndrome manifestada en dos períodos, correspondientes a los dos primeros años de carrera profesional y los mayores de 10 años de experiencia, como los momentos en los que se produce un mayor nivel de asociación con el síndrome.

⇨ El progreso excesivo o el escaso, así como los cambios imprevistos y no deseados son fuente de estar quemado y en tensión. El grado en que un cambio resulta estresante depende de su magnitud, del momento en que se presenta y del nivel de incongruencia con respecto a las expectativas personales.

⇨ La incorporación de nuevas tecnologías en las organizaciones, suelen producir transformaciones en las tareas y puestos de trabajo, que incluyen cambios en los sistemas de trabajo, en la supervisión y en las estructuras y formas organizativas. Las demandas que plantean las nuevas tecnologías sobre los trabajadores generan escenarios con multiplicidad de factores y estresores, entre los cuales se puede mencionar: la necesidad de capacitación, miedo a ser desincorporado, incremento de control y monitorización del desempeño, aspectos relaciona- dos con la seguridad, reducción de la interacción psicosocial directa, posibilidades de aislamiento en el puesto de trabajo, así como los cambios de roles en el sistema organizacional.

⇨ La estructura y el clima organizacional, cuanto más centralizada sea la organización en la toma de decisiones, cuanto más compleja (muchos niveles jerárquicos), cuanto mayor es el nivel jerárquico de un trabajador, cuantos mayores sean los requerimientos de formalización de operaciones y procedimientos, mayor será la posibilidad de que se presente el síndrome de Burnout.

⇨ Oportunidad para el control, una característica que puede producir equilibrio psicológico o degenerar en Burnout, es el grado en que un ambiente laboral permite al individuo controlar las actividades a realizar y los acontecimientos.

⇨ Retroalimentación de la propia tarea, la información retroalimentada sobre las propias acciones y sus resultados es, dentro de ciertos límites, un aspecto valorado por las personas en el marco laboral. La retroalimentación o feedback de la tarea, ha sido definido como el grado en que la realización de las actividades requeridas por el puesto proporciona a la persona información clara y directa sobre la eficacia de su desempeño. La investigación realizada al respecto muestra por lo general que los trabajadores que ocupan puestos con esta característica presentan mayores niveles de satisfacción y de motivación intrínseca, y niveles más bajos de agotamiento emocional que aquellos que ocupan puestos en donde esta retroalimentación falta o es insuficiente.

⇨ Las relaciones interpersonales, son de forma habitual valoradas en términos positivos. Diversos teóricos de la motivación han señalado que la afiliación es uno de los motivos básicos de la persona. Los ambientes de trabajo que promueven el contacto con la gente serán, por lo general, más beneficiosos que aquellos que lo impiden o lo dificultan. De hecho, las oportunidades de relación con otros en el trabajo es una variable que aparece relacionada con la satisfacción. Esto no significa que las relaciones interpersonales en el trabajo siempre resulten positivas, con cierta frecuencia se traducen en uno de los desencadenantes más severos e importantes, sobre todo cuando son relaciones basadas en desconfianza, sin apoyo, poco cooperativas y destructivas lo que produce elevados niveles de tensión entre los miembros de un grupo u organización.

⇨ También el salario ha sido invocado como otro factor que afectaría al desarrollo de Burnout en los trabajadores, aunque no queda claro en la literatura.

⇨ La estrategia empresarial puede causar el burnout: empresas con una estrategia de minimización de costos en las que se reduce personal ampliando las funciones y responsabilidades de los trabajadores; aquéllas que no gastan en capacitación y desarrollo de personal, aquéllas en las que no se hacen inversiones en equipo y material de trabajo para que el personal desarrolle adecuadamente sus funciones, limitan los descansos, etc.

⇨ Factores personales:

- El deseo de destacar y obtener resultados brillantes.
- Un alto grado de autoexigencia.
- Baja tolerancia al fracaso.

- Perfeccionismo extremo.
- Necesitan controlarlo todo en todo momento.
- Sentimiento de indispensabilidad laboral.
- Son muy ambiciosos.
- Dificultad para conocer y expresar sus emociones.
- Impacientes y competitivos por lo que les es difícil trabajar en grupo.
- Gran implicación en el trabajo.
- Pocos intereses y relaciones personales al margen del trabajo.
- Idealismo.
- Sensibilidad.

Todo esto se acentúa si:

- No tiene una preparación adecuada para enfrentar las expectativas organizacionales en relación con el trabajo.
- Si tiene dificultades para pedir ayuda a los compañeros o trabajar en equipo.
- Cuando no comparte las ideas, metas o valores del grupo de trabajo o la empresa.
- Experimenta sentimientos de miedo o culpa cuando no ha cumplido algo que debería haber hecho.
- No es capaz de compartir sus preocupaciones o miedos sobre su vida laboral con su pareja, familia o amigos.
- No descansa lo suficiente cuando está cansado.
- No encuentra otro empleo cuando desea cambiarlo.
- Tiene problemas familiares, económicos, etc.

Algunas de las variables sociodemográficas estudiadas son:

- La edad; aunque parece no influir en la aparición del síndrome se considera que puede existir un periodo de sensibilización. debido a que habría unos años en los que el profesional sería especialmente vulnerable a éste, siendo estos los primeros años de carrera profesional dado que sería el periodo en el que se produce la transición de las expectativas idealistas hacia la práctica cotidiana, apreciándose en este tiempo que tanto las recompensas personales, profesionales y económicas, no son ni las prometidas ni esperada, por lo tanto, cuanto más joven es el trabajador mayor incidencia de burnout hallaremos.
- El sexo; el burnout tiende a ser más frecuente en la mujer, relacionándose con la doble carga laboral (tarea profesional y familiar) y el tipo de enlace afectivo que puede desarrollarse en el ambiente laboral y familiar.
- El estado civil; aunque se ha asociado el síndrome más con las personas que no tienen pare- ja estable, tampoco hay un acuerdo unánime. Parece que las personas solteras tienen mayor cansancio emocional, menor realización personal y mayor despersonalización, que aquellas otras que o bien están casadas o conviven con parejas estables En este mismo orden la existencia o no de hijos hace que estas personas puedan ser más resistentes al síndrome, debido a la tendencia generalmente encontrada en los padres, a ser personas más maduras y estables, y la implicación con la familia y los hijos hace que tengan mayor capacidad para afrontar problemas personales y conflictos emocionales; y ser más realistas con la ayuda del apoyo familiar.

8. Consecuencias y manifestaciones

El burnout consiste, en general, en un estado de decaimiento físico, mental y emocional.

Sus manifestaciones habituales son:

Mentales o cognitivas:

⇨ Sentimientos de desamparo, fracaso e impotencia.

⇨ Baja autoestima.

⇨ Inquietud y dificultad para la concentración.

⇨ Comportamientos paranoides y/o agresivos hacia los pacientes, compañeros y familia.

Físicas:

⇨ Cansancio.

⇨ Dolores osteoarticulares y cefaleas.

⇨ Trastornos del sueño.

⇨ Alteraciones gastrointestinales, taquicardias.

De la conducta:

⇨ Consumo elevado de café, alcohol, fármacos y drogas ilegales.

⇨ Absentismo laboral.

⇨ Bajo rendimiento personal.

⇨ Conflictos interpersonales en el trabajo y el ambiente familiar.

El síndrome recoge una serie de respuestas a situaciones de estrés que suelen provocar la tensión al interactuar y tratar reiteradamente con otras personas.

Se manifiesta en los siguientes aspectos:

- Psicosomáticos: fatiga crónica, frecuentes dolores de cabeza, problemas de sueño, úlceras y otros desórdenes gastrointestinales, pérdida de peso, dolores musculares, etc...
- Conductuales: absentismo laboral, abuso de drogas (café, tabaco alcohol...), incapacidad para vivir de forma relajada, superficialidad en el contacto con los demás, comportamientos de alto riesgo, aumento de conductas violentas.

- Emocionales: distanciamiento afectivo como forma de protección, aburrimiento, impaciencia e irritabilidad, sentimientos depresivos.
- En el ambiente laboral: detrimento de la capacidad de trabajo, detrimento de la calidad de los servicios que se presta a los clientes, aumento de interacciones hostiles, comunicaciones deficientes.
- Despersonalización o deshumanización: consiste en el desarrollo de actitudes negativas, de insensibilidad y de cinismo hacia los receptores de servicio prestado.
- Falta de realización personal: con tendencias a evaluar el propio trabajo de forma negativa, con vivencias de insuficiencia profesional y baja autoestima personal.
- Manifestaciones mentales: sentimientos de vacío, agotamiento, fracaso, impotencia y pobre realización personal. Es frecuente apreciar nerviosismo, inquietud, dificultad para la concentración y una baja tolerancia a la frustración, con comportamientos paranoides y/o agresivos hacia los clientes, compañeros y la propia familia.

Al individuo le invade el sentimiento de fracaso y sufre síntomas ansiosos y depresivos, incluso puede creer que está enfermo físicamente. El cansancio emocional es la actitud más clara, evidente y común en casi todos los casos. La persona no responde a la demanda laboral y generalmente se encuentra irritable y deprimida.

Aquellas consecuencias del estrés laboral asociadas al síndrome del burnout con evidencia empírica de acuerdo con la literatura son:

Síntomas Psicosomáticos	Síntomas emocionales	Síntomas conductuales
♦ Fatiga crónica ♦ Dolores de cabeza ♦ Dolores musculares (cuello, espalda) ♦ Insomnio ♦ Pérdida de peso ♦ Ulceras y desórdenes gastrointestinales ♦ Dolores en el pecho ♦ Palpitaciones ♦ Hipertensión ♦ Crisis asmática ♦ Resfriados frecuentes ♦ Aparición de alergias	♦ Irritabilidad ♦ Ansiedad generalizada y focalizada en el trabajo ♦ Depresión ♦ Frustración ♦ Aburrimiento ♦ Distanciamiento afectivo ♦ Impaciencia ♦ Desorientación ♦ Sentimientos de soledad y vacío ♦ Impotencia ♦ Sentimientos de omnipresencia	♦ Cinismo ♦ No hablan ♦ Apatía ♦ Hostilidad ♦ Suspicacia ♦ Sarcasmo ♦ Pesimismo ♦ Ausentismo laboral ♦ Abuso en el café, tabaco. alcohol, fármacos, etc. ♦ Relaciones interpersonales distantes y frías ♦ Tono de voz elevado (gritos frecuentes) ♦ Llanto inespecífico ♦ Dificultad de concentración ♦ Disminución del contacto con el público/clientes/ pacientes ♦ Incremento de los conflictos con compañeros ♦ Disminución de la calidad del servicio prestado ♦ Agresividad ♦ Cambios bruscos de humor ♦ Irritabilidad ♦ Aislamiento ♦ Enfado frecuente

Es la repetición de los factores estresantes lo que conforma el cuadro de crónico, que genera baja de la autoestima, un estado de frustración agobiante con melancolía y tristeza, sentimientos de impotencia, pérdida, fracaso, estados de neurosis, en algunos casos psicosis con angustia y/o depresión e impresión de que la vida no vale la pena, llegando en los casos extremos a ideas francas de suicidio.

El Síndrome del Burnout es un proceso, más que un estado y se han podido establecer 4 estadios de evolución de la enfermedad, aunque éstos no siempre están bien definidos:

- ⇨ Forma leve: los afectados presentan síntomas físicos, vagos e inespecíficos (cefaleas, dolo- res de espaldas, lumbalgias), el afectado se vuelve poco operativo.
- ⇨ Forma moderada: aparece insomnio, déficit atencional y en la concentración, tendencia a la automedicación.
- ⇨ Forma grave: mayor en ausentismo, aversión por la tarea, cinismo. Abuso de alcohol y psicofármacos.
- ⇨ Forma extrema: aislamiento, crisis existencial, depresión crónica y riesgo de suicidio.

El diagnóstico se establece a través de la presencia de la tríada sintomatología constituida por el cansancio emocional, la despersonalización y la falta de realización personal, elementos que pue- den se evalúan a través del MBI (Maslach Burnout Inventory).

El diagnóstico diferencial debe realizarse con el síndrome depresivo, el síndrome de fatiga crónica y los sucesos de crisis.

9. Medidas de prevención del burnout

Dado que una de las causas del síndrome es la existencia de problemas organizativos en las empresas que se traducen en falta de comunicación vertical (directivo a empleado) y horizontal (entre los propios compañeros); para afrontar esta situación, es conveniente analizar sobre qué valores se asientan las relaciones dentro de la empresa. En una compañía moderna, es fundamental que desaparezca la cultura de control del jefe sobre el subordinado y sustituirla por una cultura de confianza.

La labor del jefe o directivo se debe centrar en liderar el equipo de trabajo y orientar las acciones del grupo, no en fiscalizar la labor de los empleados. Esta cultura se consigue construyendo un clima de puertas abiertas y comunicación.

Al mismo tiempo resulta básico valorar el trabajo por los resultados y no por factores tradicionales como las horas de presencia en la oficina, además, uno de los factores de valoración de los directivos debe ser el grado de desarrollo profesional de sus empleados, lo que redundará en una mejora de resultados de todo el grupo.

La primera medida para evitar el síndrome de quemarse por el trabajo es formar al personal para conocer sus manifestaciones.

Dividimos en tres grupos (individual, grupal y organizacional) las formas de prevenir el síndrome:

9.1. Nivel individual

No podemos plantearnos el manejo del burnout sin abordar nuestro propio esquema de ver las cosas, sin una modificación propia de actitudes y aptitudes. Deberemos tener un proceso adaptativo entre nuestras expectativas iniciales con la realidad que se nos impone, marcándonos objetivos más realistas, que nos permitan a pesar de todo mantener una ilusión por mejorar sin caer en el escepticismo.

Se impone un doloroso proceso madurativo en el que vamos aceptando nuestros errores y limitaciones con frecuencia a costa de secuelas y cicatrices. Tendremos que aprender a equilibrar los objetivos de una empresa (cartera de servicios, adecuación eficiente de los escasos recursos disponibles...), pero sin renunciar a lo más valioso de nuestra profesión (los valores humanos) compatibilizándolo con lo técnico.

Sin duda en nuestra profesión / tarea el aspecto emocional, querámoslo o no, seamos conscientes o inconscientes de ello, es fundamental. Tendríamos que aprender a manejar las emociones.

En cualquier profesión, es trascendental equilibrar nuestras áreas vitales: FAMILIA - AMIGOS - AFICIONES - DESCANSO - TRABAJO, evitando a toda costa que la profesión absorba estas. La familia, los amigos, las aficiones, el descanso son grandes protectores del Burnout.

9.2. Nivel grupal e interpersonal

Las estrategias pasan por fomentar el apoyo social por parte de los compañeros y supervisores. Este tipo de apoyo social debe ofrecer apoyo emocional, pero también incluye evaluación periódica de los profesionales y retroinformación (feedback) sobre su desarrollo de rol.

9.3. Nivel organizacional.

La dirección de las organizaciones debe desarrollar programas de prevención dirigidos a mejorar el ambiente y el clima de la organización, se deben desarrollar procesos de retroinformación sobre el desempeño del rol, dar retroinformación desde la dirección de la organización y desde la unidad o el servicio en el que se ubica el trabajador. El objetivo de estos programas se centra en mejorar el ambiente y el clima organizacional mediante el desarrollo de equipos de trabajo eficaces. Otras estrategias son establecer objetivos claros para los roles profesionales, aumentar las recompensas a los trabajadores, establecer líneas claras de autoridad, y mejorar las redes de comunicación organizacional.

Resumiendo, el Burnout es sin duda un mal de nuestro tiempo, por ello debemos cuidar en las organizaciones:

- ⇨ La ambigüedad de rol, incertidumbre o falta de información sobre aspectos relacionados con el trabajo (evaluación, funciones, objetivos o metas, procedimientos, etc...)
- ⇨ La falta de equidad o justicia organizacional.
- ⇨ Las relaciones tensas y/o conflictivas con los usuarios/clientes/ compañeros de la organización.
- ⇨ Los impedimentos por parte del supervisor para que pueda desarrollar su trabajo.
- ⇨ La falta de participación en la toma de decisiones.
- ⇨ La imposibilidad de poder progresar / ascender en el trabajo.
- ⇨ Las relaciones conflictivas con compañeros o superiores.

10. TÉCNICAS Y ESTRATEGIAS COMO MÉTODOS PREVENTIVOS

Para brindar información sobre el síndrome del Burnout, sus síntomas y consecuencias principales para que sea más fácil detectarlo a tiempo, hay unas técnicas y estrategias que vamos a comentar:

10.1. Estrategias de intervención individual

Buscan fomentar la adquisición de algunas técnicas que aumenten la capacidad de adaptación del individuo a las fuentes de estrés laboral.

Se clasifican en:

⇨ Técnicas fisiológicas

⇨ Técnicas conductuales

⇨ Técnicas cognitivas.

♦ Técnicas Fisiológicas

Están orientadas a reducir la activación fisiológica y el malestar emocional y físico provocado por las fuentes de estrés laboral. Dentro de éstas se encuentran la relajación física, el control de la respiración y el biofeedback, entre otras.

♦ Técnicas Conductuales

Buscan que el sujeto domine un conjunto de habilidades y comportamientos para el afrontamiento de problemas laborales. Entre ellas se encuentran el entrenamiento asertivo, el entrenamiento en habilidades sociales, las técnicas de solución de problemas y las de autocontrol.

♦ Técnicas Cognitivas

Tienen como objetivo mejorar la percepción, la interpretación y la evaluación de los problemas laborales y de los recursos personales que realiza el individuo. Entre ellas encontramos la reestructuración cognitiva, el control de pensamientos irracionales y la Terapia Racional Emotiva.

10.2. Estrategias de intervención grupal

Tienen como objetivo romper el aislamiento, mejorando los procesos de socialización. Para ello es importante promover políticas de trabajo cooperativo, integración de equipos multidisciplinarios y reuniones de grupo. Se ha constatado que el apoyo social amortigua los efectos perniciosos de las fuentes de estrés laboral, e incrementa la capacidad del individuo para afrontarlas.

10.3. Estrategias de intervención organizacional

Se centran en tratar de reducir las situaciones generadoras de estrés laboral. Modificando el ambiente físico, la estructura organizacional, las funciones de los puestos, las políticas de administración de recursos humanos, etc., con el propósito de crear estructuras más horizontales, descentralización en la toma de decisiones, brindar mayor independencia y autonomía, promociones internas justas que busquen el desarrollo de carrera de los empleados, flexibilidad horaria, sueldos competitivos, etc.

10.4. Estrategias de afrontamiento

Puesto que en el Burnout están mediando pensamientos irracionales provocados por los diferentes eventos estresantes, se hace necesario hacer frente al síndrome mediante reestructuración cognitiva que permita combatir los pensamientos generadores de la situación aversiva en la que se encuentra y que ayude a dotar al individuo de estrategias de afrontamiento efectivas para superar su situación.

Deben desarrollarse el conocimiento de uno mismo, mantener buenos hábitos alimenticios, incorporar el ejercicio como estilo de vida, incorporar buenos hábitos de sueño, conformar equipos de colegas para atender una demanda recargada de atención de pacientes y habilidades sociales para no sobrecargar su agenda.

Aprender las habilidades de gerencia del tiempo, debe darse tiempo para su vida personal y compartirlo con su familia, aprender a decir "no" para no sobrecargarse de actividades, mantener un sentido del humor, mantener la variedad de sus tareas y responsabilidades, continuar su educación médica , realizar ejercicios de relajación muscular, mantener intereses, practicar deportes, valorar de nuevo su nivel de espiritualidad, aprender estrategias para reestructurar su cognición, aprender habilidades de solución de problemas , técnicas de inoculación de estrés, asertividad y negociación.

10.5. La comunicación

Encontrar el contacto y mejorar las habilidades sociales

La comunicación eficaz y la asertividad (expresión de pensamientos y sentimientos). Es necesario encontrar un equilibrio entre los propios deseos y la consideración de los demás.

Conviene superar el control que los demás (jefes, compañeros, etc.), ejercen sobre nosotros impidiendo imponer nuestros deseos y satisfacción personal. Es necesario aprender a decidir por uno mismo, diciendo "no" cuando no estamos de acuerdo y defendiendo nuestra autonomía y autoestima.

También hay que superar el chantaje emocional o el posible sentimiento de culpabilidad. Cada uno es responsable de su propia felicidad ("búsqueda de la felicidad") y, sin duda, la práctica de estas formas asertivas de comportamiento supone un buen tratamiento, porque la persona, disfruta cada vez más de su propia "autoestima" y satisfacción personal, al tiempo que es capaz de imponer un halo de felicidad a su familia y a su ambiente laboral. Contar con la opinión de personas de confianza puede ayudarnos a tomar decisiones difíciles; esta práctica puede ser extraordinariamente interesante en la práctica clínica, especialmente en ciertos tipos de enfermos.

Por otro lado, la inseguridad, el miedo al rechazo o la búsqueda de aprobación de los demás son algunas razones por las que anteponemos los deseos de los demás a los propios y, en consecuencia, actuamos manipulados por ideas o razonamientos de nuestros jefes o de los demás; esto implica una gran carga de frustración, agresividad y desmotivación.

El trabajador, entonces ve como su autoestima se difumina y se siente incapaz de hacer frente a una crítica o decidir sobre su vida. Se transforma de esta manera en un ser pasivo, agotado y con poca seguridad en sí mismo.

El trabajador que se expone cotidianamente a múltiples factores que causan estrés, necesita desarrollar un sistema eficaz de "afrontamiento" (coping). Este modelo ha sido propuesto por Lazarus y Folkman (1986) y considero que puede ser de gran utilidad para poder escapar de la presión a la que se ve sometido el trabajador afectado.

Es necesario alterar los pensamientos negativos. Saber detenerse y reflexionar acerca de qué es lo que realmente importa; es un método simple, útil y fácil de aprender para disminuir ostensiblemente el estrés.

Practicar deporte como un hábito más de tu vida. Haz lo que más te convenga y te apetezca. Sin lugar a duda, la mayor dificultad para hacer ejercicio regularmente no es la falta de tiempo, sino la ausencia de motivación.

Compartir pensamientos y sentimientos:

Aprenda a expresar el enojo y otros sentimientos negativos sin herir a otros.

Reconocer que USTED sólo puede cambiarse a sí mismo, no a otras personas.

Mantener una actitud positiva en todo y evitar actitudes pesimistas.

- ⇨ Desarrollar toda la capacidad de escucha. Comprender a los demás y ser comprensivo y tolerante. Rodearse de personas optimistas; el optimismo se contagia y USTED notará la influencia positiva.
- ⇨ Expectativas positivas. Motivación positiva. Imagen positiva de uno mismo. Control positivo.
- ⇨ Perspectiva positiva.
- ⇨ Conciencia positiva. Proyección positiva.

Probablemente de esta forma, podamos paliar en parte los efectos tan nocivos de este síndrome que amenaza constantemente nuestro equilibrio psicológico y, en última instancia, nuestra razón de ser y nuestra felicidad.

En resumen, podríamos decir qué los puntos clave en la prevención del Burnout son:

- Proceso personal de adaptación de expectativas a la realidad cotidiana.
- Formación en emociones.
- Equilibrio de áreas vitales: familia, amigos, aficiones, descanso, trabajo.
- Fomento de buena atmósfera de equipo: espacios comunes, objetivos comunes.
- Limitar a un máximo la agenda asistencial.
- Minimizar la burocracia con apoyo de personal auxiliar.

- Formación continuada reglada, dentro de la jornada laboral.
- Espacios comunes, objetivos compartidos.
- Diálogo efectivo con las Direcciones.

A este síndrome se le puede hacer frente más fácilmente en la fase inicial que cuando ya está establecido. En las primeras fases es posible que los compañeros se den cuenta antes que el propio sujeto, por lo que amigos, compañeros o superiores suelen ser el mejor sistema de alarma precoz para detectar el Burnout y por lo tanto todos los profesionales del equipo tienen que darse cuenta de que son ellos mismos los que representan la mejor prevención de sus compañeros.

Resumen

- El síndrome de Burnout, es un trastorno adaptativo crónico y grave vinculado al estrés laboral crónico. Se caracteriza por agotamiento físico, mental y emocional, y puede manifestarse en ansiedad, depresión y disminución del rendimiento laboral. Afecta especialmente a profesionales de servicios, como trabajadores de la salud y educadores, y se origina por una acumulación de estrés, cuya tolerancia varía según factores individuales.
- El Síndrome de Burnout se desarrolla debido a una combinación de factores desencadenantes y predisponentes. Estos incluyen eventos laborales significativos como despidos o ascensos, relaciones interpersonales inadecuadas, exigencias profesionales elevadas, y rasgos de personalidad como la obsesividad o el perfeccionismo.
- El síndrome afecta negativamente tanto la salud emocional como física de los individuos, aumentando el riesgo de enfermedades y disminuyendo la calidad de vida.
- El Síndrome de Burnout comúnmente afecta a profesionales con un alto nivel de compromiso y autoexigencia, como trabajadores sociales y profesionales de alto riesgo, aunque también incide en roles más rutinarios o directivos. Se asocia con insatisfacción personal y laboral, dificultades en las relaciones familiares, y falta de tiempo libre, lo que impide a los afectados disfrutar y relajarse.
- Existe un creciente reconocimiento de la necesidad de considerar el Burnout no solo como un accidente laboral sino también como una enfermedad laboral, destacando la importancia de actualizar los listados de enfermedades laborales que aún no incluyen el estrés o la ansiedad.
- El Síndrome de Burnout surge por la combinación de problemas internos entre la empresa y el empleado, desorganización laboral, y ambientes de trabajo insalubres. Factores como la falta de claridad en roles, sobrecarga de tareas, conflictos interpersonales, y cambios tecnológicos rápidos contribuyen al desarrollo de este trastorno.

- El síndrome de Burnout se caracteriza por un estado de agotamiento físico, mental y emocional, manifestándose a través de síntomas como desamparo, fracaso, impotencia, baja autoestima, inquietud, dificultad para concentrarse y conductas agresivas.

- Físicamente, incluye cansancio, dolores osteoarticulares, cefaleas, trastornos del sueño y problemas gastrointestinales. Conductualmente, se observa aumento en el consumo de sustancias estimulantes, absentismo laboral, bajo rendimiento y conflictos interpersonales.

- Este síndrome, originado por estrés laboral crónico, lleva a la despersonalización y una disminución de la realización personal, afectando la calidad del trabajo y las interacciones sociales, con prevalencia de comportamientos de alto riesgo, violencia y problemas emocionales como ansiedad y depresión.

- El síndrome de Burnout, causado por problemas organizativos en empresas, se aborda a través de un enfoque de tres niveles: individual, grupal e interpersonal, y organizacional.

  - A nivel individual, es esencial un ajuste de expectativas y actitudes, equilibrando la vida profesional y personal.

  - En el ámbito grupal, se fomenta el apoyo social y la retroalimentación entre compañeros y supervisores.

  - Organizacionalmente, se enfoca en mejorar el clima laboral, estableciendo objetivos claros, aumentando recompensas, clarificando la autoridad y mejorando la comunicación.

- Claves para prevenir el Burnout incluyen evitar la ambigüedad de rol, promover la equidad organizacional, resolver conflictos interpersonales, participar en la toma de decisiones y facilitar el progreso profesional.

- Para manejar el síndrome de Burnout, se sugieren estrategias de intervención individual, grupal y organizacional.

  - Individualmente, se enfocan en aumentar la capacidad de adaptación frente al estrés laboral mediante técnicas fisiológicas, conductuales y cognitivas, como la relajación y el control de la respiración.

- Grupalmente, se busca romper el aislamiento y mejorar la socialización, fomentando el trabajo cooperativo y el apoyo social.

- Organizacionalmente, se centran en modificar el entorno laboral, promoviendo estructuras más horizontales, autonomía, y políticas justas de recursos humanos. Además, se recomienda el desarrollo de habilidades de afrontamiento, equilibrio entre trabajo y vida personal, y promoción de un ambiente laboral saludable.

⇨ Para concluir, la prevención del Burnout implica una adaptación personal a la realidad laboral, formación emocional, equilibrio entre diversas áreas de vida, y un enfoque colaborativo y comunicativo en el entorno laboral.

UNIDAD

1.4. El Derecho Digital del trabajador en la LOPDGDD

Contenido de la Unidad

ICB
EDITORES

1. INTRODUCCIÓN

La Ley Orgánica que estudiamos, además de adaptar nuestro ordenamiento jurídico al Reglamento UE, completa su articulado con una importante novedad: la garantía de los derechos digitales de los ciudadanos, conforme a los dictados establecidos en el artículo 18.4 de la Constitución Española.

De esta forma, el Título X de la Ley Orgánica aborda este contenido bajo la rúbrica "Garantía de los derechos digitales", y a lo largo de 19 artículos: del 79 al 97. Este Título reconoce y regula el ejercicio de una serie de derechos que vamos a ver a continuación.

Es importante señalar que en el Proyecto de Ley remitido por el Gobierno al Congreso (noviembre de 2017), este título no aparecía. La primera mención a estos derechos se concreta en una de las enmiendas presentadas por el Grupo Parlamentario Socialista. En la misma se reflejaba la necesidad del "reconocimiento de un sistema de garantía de los derechos digitales que, inequívocamente, encuentra su anclaje en el mandato impuesto por el apartado cuarto del artículo 18 de la Constitución Española y que, en algunos casos, ya han sido perfilados por la jurisprudencia ordinaria, constitucional y europea".

La propuesta no recibió especial acogida pues existía verdadera urgencia de disponer de una nueva Ley Orgánica de Protección de Datos, así que se prefirió no entrar en el tema para no dificultar la tramitación del Proyecto. Sin embargo, el cambio de Gobierno (tras la moción de censura) supuso un replanteamiento diferente al inicial: gracias a la negociación parlamentaria el Proyecto de Ley añadió el Título X, aprobándose por unanimidad de la Cámara.

2. OBJETO Y CONTENIDO DEL TÍTULO X

2.1. Objeto

Si acudimos al Preámbulo de Ley leeremos que se justifica la introducción de este Título a consecuencia la realidad omnipresente en la que se ha convertido internet, tanto en nuestra vida persona como colectiva.

Así mismo se dispone que "corresponde a los poderes públicos impulsar políticas que hagan efectivos los derechos de la ciudadanía en Internet promoviendo la igualdad de los ciudadanos y de los grupos en los que se integran para hacer posible el pleno ejercicio de los derechos fundamentales en la realidad digital", de la misma forma que ya o han realizado otros países, pues no son pocos los que han incluido en su normativa la regulación de los derechos digitales de la ciudadanía.

Una importante consideración previa al estudio de estos derechos es la necesaria referencia a la Agencia Española de Protección de Datos. Como ya hemos estudiado el artículo 47 de la Ley Orgánica establece cuáles son sus funciones y potestades. Recordémoslas:

> *Artículo 47 Funciones y potestades de la Agencia Española de Protección de Datos*
>
> *Corresponde a la Agencia Española de Protección de Datos supervisar la aplicación de esta ley orgánica y del Reglamento (UE) 2016/679 y, en particular, ejercer las funciones establecidas en el artículo 57 y las potestades previstas en el artículo 58 del mismo reglamento, en la presente ley orgánica y en sus disposiciones de desarrollo.*
>
> *Asimismo, corresponde a la Agencia Española de Protección de Datos el desempeño de las funciones y potestades que le atribuyan otras leyes o normas de Derecho de la Unión Europea.*

De esta forma podemos comprobar cómo quedan fuera su ámbito la aplicación de los artículos 79 a 88 y 95 a 97. Es decir, la Agencia no tiene competencias en relación a los derechos de la Era Digital. Estos derechos y las facultades que se atribuyen a sus titulares van a ser garantizados por algún organismo público determinado en el desarrollo normativo de la Ley Orgánica.

2.2. Contenido

Vamos a agrupar los derechos contenidos en el Título en las siguientes áreas:

1. DERECHOS GENERALES DE LOS CIUDADANOS EN INTERNET.
    - ⇨ Artículo 79 Los derechos en la Era digital
    - ⇨ Artículo 80 Derecho a la neutralidad de Internet.
    - ⇨ Artículo 81 Derecho de acceso universal a Internet
    - ⇨ Artículo 82 Derecho a la seguridad digital
2. DERECHOS ESPECÍFICOS DE LOS MENORES.
    - ⇨ Artículo 83 Derecho a la educación digital
    - ⇨ Artículo 84 Protección de los menores en Internet
    - ⇨ Artículo 92 Protección de datos de los menores en Internet.
    - ⇨ Artículo 97 Políticas de impulso de los derechos digitales. (Punto 2, en parte).
3. DERECHOS RELACIONADOS CON EL ÁMBITO LABORAL.
    - ⇨ Artículo 87 Derecho a la intimidad y uso de dispositivos digitales en el ámbito laboral.
    - ⇨ Artículo 88 Derecho a la desconexión digital en el ámbito laboral.
    - ⇨ Artículo 89 Derecho a la intimidad frente al uso de dispositivos de videovigilancia y de grabación de sonidos en el lugar de trabajo
    - ⇨ Artículo 90 Derecho a la intimidad ante la utilización de sistemas de geolocalización en el ámbito laboral.
    - ⇨ Artículo 91 Derechos digitales en la negociación colectiva
4. DERECHOS RELACIONADOS CON LOS MEDIOS DE COMUNICACIÓN DIGITALES.
    - ⇨ Artículo 85 Derecho de rectificación en Internet.
    - ⇨ Artículo 86 Derecho a la actualización de informaciones en medios de comunicación digitales.

5. DERECHOS AL OLVIDO EN INTERNET.

   ⇨ Artículo 93 Derecho al olvido en búsquedas de Internet.

   ⇨ Artículo 94 Derecho al olvido en servicios de redes sociales y servicios equivalentes.

6. DERECHO A LA PORTABILIDAD EN REDES SOCIALES.

   ⇨ Artículo 95 Derecho de portabilidad en servicios de redes sociales y servicios equivalentes

3. DERECHOS GENERALES DE LOS CIUDADANOS

Comienza el Título X de la Ley Orgánica con una declaración general: los derechos y libertades consagrados tanto en la Constitución como en los Tratados y Convenios Internacionales en los que nuestro país sea parte son plenamente aplicables en internet.

Así mismo, el artículo 79 de la Ley Orgánica añade que los prestadores de servicios de la sociedad de la información y los proveedores de servicios de internet contribuirán a garantizar la aplicación de tales derechos.

Merece la pena señalar que el estos artículos recogen los términos "usuarios de internet", evidentemente mucho más amplio que el de "ciudadanos" establecido en el artículo 18 de la Constitución.

A estos reconoce el artículo 80 LOPD el derecho a la neutralidad de internet, el cual se configura como la obligación de los proveedores de servicios de internet de proporcionar "una oferta transparente de servicios sin discriminación por motivos técnicos o económicos".

El artículo 81 es, sin duda una de las novedades de mayor calado de esta Ley, bajo cuya rúbrica (Derechos de acceso universal a internet), se concretan estos derechos:

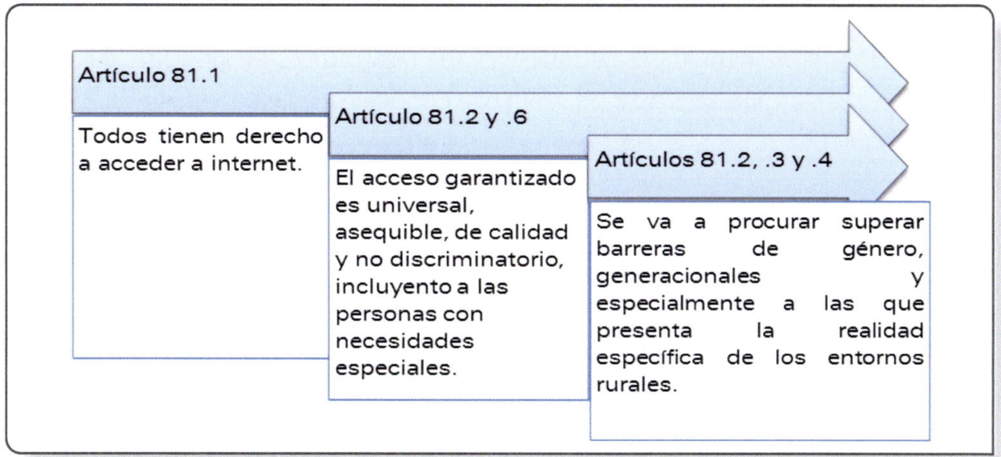

A este respecto debemos señalar las voces que propugnan la inclusión del derecho de acceso universal a internet como nuevo derecho fundamental en nuestra Constitución Española, así como el establecimiento de la neutralidad como principio general del derecho.

El derecho a la seguridad digital que desarrolla el artículo 82 del Texto, constituye la declaración de que los usuarios de internet tienen el derecho a la seguridad en las comunicaciones tanto que transmitan como que reciban por internet.

Se refuerza este contenido a través de la introducción en el precepto de la obligación que asiste a los proveedores de servicios de internet de facilitar información a los usuarios sobre sus derechos.

4. DERECHOS ESPECÍFICOS DE LOS MENORES

En primer lugar, el artículo 83 de la LOPD se dirige a garantizar que el sistema educativo asegure la plena inserción de los alumnos en la sociedad digital y el aprendizaje de un uso de los medios digitales seguro y respetuoso con la dignidad humana, con los valores constitucionales, los derechos fundamentales y, en particular, con el respeto y garantía de la intimidad personal y familiar y la protección de datos.

No olvida el precepto al alumnado con necesidades educativas especiales, pues se establece que las actuaciones que se realicen en estos supuestos tendrán carácter inclusivo.

En el diseño del bloque de asignaturas de libre configuración las Administraciones educativas deben incluir la competencia digital, así como los elementos relativos a situaciones de riesgo que se puedan derivar de una utilización inadecuada de las TIC; especial mención realiza la Ley a la atención reforzada que ha de prestarse a las situaciones de violencia en la red.

En cuanto al profesorado, la LOPD garantiza que recibirán las competencias digitales y la formación necesaria para la enseñanza, así como para la transmisión de valores y derechos señalados.

Los títulos universitarios, especialmente los que habiliten para el desempeño profesional de formación de alumnado, van a incluir necesariamente la formación en el uso y la seguridad de los medios digitales; igualmente se incluirá formación respecto de la garantía de los derechos fundamentales en internet.

Por último, prevé la Ley Orgánica la inclusión de materias relacionadas con la garantía de los derechos digitales y la protección de datos en los temarios de las pruebas de acceso a los cuerpos superiores y a las de aquellos que de forma habitual desempeñen funciones que impliquen el acceso a datos personales.

Los menores se encuentran protegidos en internet a través de las figuras de sus padres, madres, tutores, curadores o representantes legales. El artículo 84 de la Ley Orgánica indica que procurarán:

- ♦ El uso equilibrado y responsable de los dispositivos digitales y de los servicios de la sociedad de la información.
- ♦ El objetivo será el correcto desarrollo de su personalidad, preservar su dignidad y sus derechos fundamentales.

En su apartado 2, el artículo 84 de la Ley establece la intervención del Ministerio Fiscal, así como las posibles medidas cautelares y de protección que prevé la Ley Orgánica 1/1996, de Protección Jurídica del Menor, en estos supuestos:

La utilización o difusión de imágenes o información personal de menores en las redes sociales y servicios de la sociedad de la información equivalentes que puedan implicar una intromisión ilegítima en sus derechos fundamentales

En cuanto a la específica protección de sus datos, tanto los centros educativos como las personas físicas o jurídicas que desarrollen actividades en las que participen menores de edad deben garantizar la protección del interés superior del menor y de sus derechos fundamentales. Y dentro de estos adquiere especial importancia la protección de sus datos personales así como la publicación o difusión de los mismos a través de servicios de la sociedad de la información.

En aquellas ocasiones en que las publicaciones o difusiones se vayan a realizar a través de servicios de redes sociales o equivalentes, debe constar el consentimiento del menor o de sus representantes legales, en la forma que ya estudiamos en el artículo 7 de la Ley.

Por su parte, el artículo 97.2 de la Ley fija para el Gobierno, en colaboración con las Comunidades Autónomas, la obligación de elaborar un Plan de Acceso a Internet, cuyo objetivo en relación a los menores será el de establecer un Plan de Actuación que promueva las acciones de formación, difusión y concienciación necesarias para conseguir que los menores lleven a cabo un uso equilibrado y responsable de los dispositivos digitales y redes sociales, así como de los servicios de la sociedad de la información equivalentes.

5. Derechos del ámbito laboral

Los derechos que veremos a continuación son aplicables tanto a todo el ámbito laboral, esto es, incluyendo a los empleados públicos (funcionarios y personal laboral). De hecho, las Disposiciones Finales decimotercera y decimocuarta establecen las correspondientes modificaciones en tanto en el Estatuto de los Trabajadores como en el Estatuto Básico del Empleado Público:

Disposición final decimotercera Modificación del texto refundido de la Ley del Estatuto de los Trabajadores

Se añade un nuevo artículo 20 bis al texto refundido de la Ley del Estatuto de los Trabajadores, aprobado por Real Decreto Legislativo 2/2015, de 23 de octubre, con el siguiente contenido:

«Artículo 20 bis Derechos de los trabajadores a la intimidad en relación con el entorno digital y a la desconexión

Los trabajadores tienen derecho a la intimidad en el uso de los dispositivos digitales puestos a su disposición por el empleador, a la desconexión digital y a la intimidad frente al uso de dispositivos de videovigilancia y geolocalización en los términos establecidos en la legislación vigente en materia de protección de datos personales y garantía de los derechos digitales.»

Disposición final decimocuarta Modificación del texto refundido de la Ley del Estatuto Básico del Empleado Público

Se añade una nueva letra j bis) en el artículo 14 del texto refundido de la Ley del Estatuto Básico del Empleado Público, aprobado por Real Decreto Legislativo 5/2015, de 30 de octubre, que quedará redactada como sigue:

«j bis) A la intimidad en el uso de dispositivos digitales puestos a su disposición y frente al uso de dispositivos de videovigilancia y geolocalización, así como a la desconexión digital en los términos establecidos en la legislación vigente en materia de protección de datos personales y garantía de los derechos digitales.»

Abre esta sección el artículo 87 LOPD, regulando el derecho a la intimidad y uso de dispositivos digitales en este ámbito. Dispositivos digitales que son los puestos a su disposición por el empleador.

Correlativo a este derecho encontramos la obligación a este último de establecer los criterios de utilización de estos dispositivos. Deben incluir los usos que están autorizados y, en su caso, se debe determinar en qué períodos se pueden utilizar estos dispositivos para fines privados.

Los criterios de utilización deben ser respetuosos con unos estándares mínimos de privacidad, de acuerdo con los usos sociales y los derechos reconocidos constitucional y legalmente.

El acceso del empleador al contenido de los dispositivos digitales también debe quedar regulado, informándose siempre a los trabajadores.

Por su parte el artículo 88 de la Ley Orgánica establece el derecho de trabajadores y empleados públicos a la desconexión digital a fin de garantizar, fuera del tiempo legal o convencional de trabajo, el respeto de su tiempo de descanso, vacaciones, permisos, así como de su intimidad personal y familiar.

Este derecho de origen francés, no define su contenido, si no la finalidad del mismo.

Las modalidades de ejercicio de este derecho potenciarán la conciliación de la vida laboral, personal y familiar, además de sujetarse a lo establecido en la negociación colectiva o a lo acordado entre empresa y representantes de los trabajadores en su defecto.

El contenido de este derecho y las modalidades de su ejercicio se van a establecer por el empleador en la política interna que al efecto elabore, siempre con audiencia previa a los representantes de los trabajadores.

Esta política interna abarcará también campos como las acciones de formación y sensibilización de la persona en el uso razonable de las herramientas tecnológicas a su alcance; se prevente evitar el riesgo de fatiga informática.

Especial atención se debe prestar al empleado que realice total o parcialmente su trabajo a distancia, así como en su domicilio.

El siguiente derecho a estudiar es el contenido en el artículo 89 LOPD: a la intimidad frente al uso de dispositivos de videovigilancia y de grabación de sonidos en el lugar de trabajo.

El tratamiento de las imágenes obtenidas a través de estos dispositivos tendrá como fin el ejercicio de funciones de control de los trabajadores o empleados públicos. Funciones que han de ejercerse dentro de su marco legal y con los límites inherentes a éste.

Es obligación de los empleadores la de información previa, expresa, clara y concisa, tanto a trabajadores como representantes en relación a esta medida.

Prevé la Ley Orgánica el descubrimiento de comisión flagrante de acto ilícito de los trabajadores a través de estos dispositivos, en cuyo caso el deber de información se va a entender cumplido con la existencia del dispositivos al que alude el artículo 22.4 de la Norma: dispositivo informativo en lugar suficientemente visible que identifique, al menos, la existencia del tratamiento, identidad del responsable y posibilidad de ejercitar los derechos de 15 a 22 del Reglamento Europeo.

El límite a la instalación de los sistemas de grabación de sonidos y de videovigilancia lo encontramos en los lugares de descanso o esparcimiento: vestuarios, aseos, comedores y análogos (artículo 89.2 LOPD).

En cuanto a la grabación de sonidos en el lugar de trabajo sólo se admitirá para preservar de riesgos relevantes para la seguridad de las instalaciones, bienes y personas, derivados de la actividad que se desarrolle en el centro de trabajo y respetando los principios de proporcionalidad e intervención mínima.

Los sistemas de geolocalización permiten un mayor control de la actividad de los empleados y también se regulan en la Ley Orgánica. De esta forma, el artículo 90 dispone que los empleadores están autorizados para el tratamiento de los datos obtenidos por estos sistemas, pero únicamente para el ejercicio de funciones de control de los mismos, siempre dentro de su marco legal y con los límites que le sean inherentes.

Evidentemente, este tratamiento requerirá de la previa información a los trabajadores y sus representantes, en su caso, con las características ya vistas: expresa, clara e inequívoca.

Por último, en este ámbito, viene a disponer la Ley que se podrán establecer garantías adicionales a los derechos y libertades en el tratamiento de los datos personales de los trabajadores, así como para la salvaguarda de sus derechos digitales en sede laboral, a través de los convenios colectivos.

6. Derechos relacionados con los medios de comunicación digitales

Comienza el artículo 85 LOPD declarando el derecho a la libertad de expresión en internet.

Así mismo, se debe posibilitar el derecho de rectificación: esto es, se deben adoptar por responsables de redes sociales y servicios equivalentes protocolos que posibiliten la rectificación ante usuarios que difundan contenidos atentatorios contra el honor, la intimidad personal y familiar en Internet o el derecho a comunicar o recibir libremente información veraz, de acuerdo con los procedimientos y requisitos que la Ley Orgánica 2/1984, reguladora del derecho de rectificación, establece.

Presentada solicitud de rectificación dirigida frente a un medio de comunicación digital será necesario que éste publique en sus archivos digitales aviso aclaratorio que ponga de manifiesto que la noticia original no refleja la situación actual del individuo.

Este epígrafe reúne también el derecho a solicitar de los medios de comunicación digitales la inclusión de aviso de actualización en lugar suficientemente visible junto a las noticias que le conciernan a esa persona cuando la información contenida en la noticia original no refleje su situación actual como consecuencia de circunstancias que hubieran tenido lugar después de la publicación y se la cause perjuicio.

De forma particular se establece la obligación de incluir este aviso cuando las informaciones originales aludan a actuaciones policiales o judiciales que se hayan visto afectadas en beneficio del interesado a consecuencia de decisiones judiciales posteriores. El aviso, en este caso, referirá la decisión posterior.

7. Derecho al olvido en internet

Bajo este título vamos a estudiar los artículos 93 y 94 de la Ley, los cuales regulan dos modalidades específicas del derecho al olvido en el ámbito de internet.

Así, por su parte el artículo 93 LOPD establece el derecho de toda persona frente a los motores de búsqueda de internet y el artículo 94 LOPD, regula el derecho frente a los servicios de redes sociales y servicios de la sociedad de la información equivalentes.

De esta forma, según el primero de los artículos estudiados, los motores de búsqueda deben eliminar de su lista de resultados:

- Los que se obtengan tras una búsqueda efectuada a partir de su nombre.
- De los enlaces publicados que contengan información relativa a esa personas si fuesen inadecuados, inexactos, no pertinentes, no actualizados o excesivos o hubieran devenido como tales por el transcurso del tiempo.

Además indica el artículo que debe tener en cuenta para ello los fines para los que los datos se recogieron o trataron, así como el tiempo que ha transcurrido más la naturaleza e interés público de la información.

Como vemos, esta primera modalidad contempla un derecho ejercitable frente a un buscador; pero no frente a un medio de comunicación. Además no va a impedir el acceso a la información publicada en el sitio web pero utilizando otras criterios de búsqueda diferentes del nombre de quien ejerciera el derecho.

La segunda modalidad, artículo 94 LOPD, regula el derecho que asiste a toda persona a que se suprima a su solicitud, datos personales publicados en redes sociales cuando los facilitó la misma persona e incluso por terceros en estos casos:

- Cuando fuesen inadecuados, inexactos, no pertinentes, no actualizados o excesivos.
- Cuando hayan devenido como tales por el transcurso del tiempo.
- Cuando las circunstancias personales invocadas evidencien la prevalencia de sus derechos sobre el mantenimiento de los datos por el servicio.

Excepción: los datos facilitados por la persona física en el ejercicio de actividades personales o domésticas.

Otro supuestos es el de los datos facilitados al servicio bien por la persona o por terceros pero durante su minoría de edad. En este supuesto el derecho ejercitado por el afectado exige que el prestador del servicio proceda sin dilación a su supresión. Para ello basta la mera presentación de solicitud.

8. Derecho a la portabilidad en las redes sociales. Artículo 95

Nuevamente estamos ante un derecho que reconocido para un ámbito muy específico: la portabilidad de datos que incumban al afectado y que haya facilitado al responsable del tratamiento; su regulación la hallábamos en el artículos 20 del Reglamento.

Su ejercicio se ajustará a lo establecido en el precepto 17 de la LOPD

En este caso, se concreta en los usuarios de servicios de redes sociales y servicios de la sociedad de información equivalentes, así como en los prestadores de estos servicios. Los primeros tendrán derecho a recibir y transmitir los contenidos facilitados a prestadores de estos servicios, así como a que éstos los transmitan directamente a otro prestador designado por el usuario.

Cuando la conservación de datos sea necesaria para el cumplimiento de una obligación legal, los prestadores de estos servicios estarán autorizados a ello, siempre y cuando no se difunda copia de los mismos por internet.

9. Derecho al testamento digital. Artículo 96

Este artículo establece las reglas por las cuales se va a regir el acceso a los contenidos gestionados por prestadores de servicios de la sociedad de la información sobre personas fallecidas. En su estudio no podemos olvidar lo dispuesto en el artículo 2.2 y 3 LOPD: los dictados de la norma no serán aplicables a los tratamientos de datos de las personas fallecidas y criterios de acceso a los datos de éstas por parte de personas vinculadas a las mismas.

De hecho, el artículo 96 repite en ocasiones lo dispuesto en el artículo 3 LOPD.

Las personas vinculadas a los fallecidos (vínculos familiares o de hecho), así como sus herederos, podrán dirigirse a los prestadores de servicios de la información con la finalidad de acceder a los contenidos y expresar las instrucciones que regirán su uso, destino o supresión.

A esta regla general se opone esta excepción: no habrá derecho de acceso, modificación o eliminación si la persona fallecida lo prohibió de forma expresa o lo establece de esta forma una ley.

Y, la excepción de la excepción: la prohibición mencionada no afectará al derecho de acceso de los herederos cuando los contenidos puedan formar parte del caudal relicto.

Al margen de lo sujetos citados en los apartados anteriores, podrán solicitar acceso a los contenidos tanto el albacea testamentario como la institución a la que el finado hubiese designado el cumplimiento de instrucciones.

Si los fallecidos son menores de edad las facultades citadas se predican de representantes legales o Ministerio Fiscal, quien podrá actuar de oficio o a instancia de cualquier persona física o jurídica interesada. En los supuestos de fallecidos con discapacidad, las facultades de que hablamos se ejercerán, además de por los citados para el caso de menores, por quienes hayan sido designados para el ejercicio de funciones de apoyo.

Todas las personas a las que hemos aludido en los supuestos anteriores podrán decidir sobre el mantenimiento o eliminación de los perfiles personales de las personas fallecidas en redes sociales o servicios equivalentes. Hace la Ley Orgánica la siguiente salvedad: que el fallecido hubiera decidido sobre esta circunstancia, en cuyo caso se estará a sus instrucciones.

De no ser así, una vez que el responsable del servicio reciba comunicación para la eliminación del perfil deberá proceder sin dilación a cumplimentar este derecho.

Dispone la Ley Orgánica el futuro desarrollo a través de real decreto de cuantos requisitos y condiciones se vayan a exigir para la acreditación y vigencia de los mandatos e instrucciones de los fallecidos, así como para el registro de los mismos, tanto en territorio de derecho común, como foral o especial.

10. Políticas de impulso de los derechos digitales. Artículo 97

En este artículo se establece la obligación del Gobierno, en colaboración con las Comunidades Autónomas, de elaboración del Plan de Acceso a Internet.

Como objetivos del mismo se fijan los siguientes:

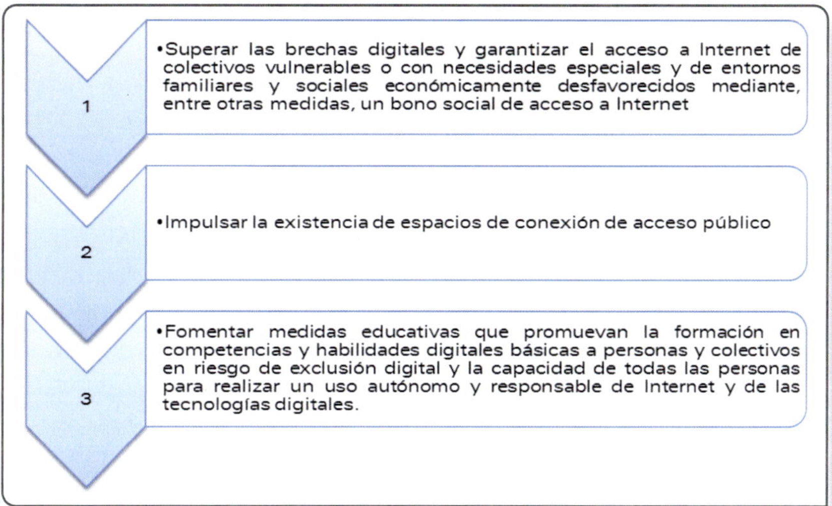

Junto al Plan de Acceso se establece la necesidad de aprobar el Plan de Actuación, cuyo contenido será el de promover las acciones de formación, difusión y concienciación necesarias para lograr que los menores de edad hagan un uso equilibrado y responsable de los dispositivos digitales y de las redes sociales, así como de los servicios de la sociedad de la información equivalentes a internet.

Su objetivo principal no será otro que la garantía de un adecuado desarrollo de la personalidad de estos así como la preservación de su dignidad y derechos fundamentales.

Una vez que se designe la correspondiente comisión parlamentaria en el Congreso de los Diputados, ante ellas presentará el Gobierno su informe anual de rendición de cuentas respecto de la evolución de los derechos, garantías y mandatos de los derechos digitales, así como de las medidas que encuentre necesarias para la promoción de su impulso y efectividad.

11. RESUMEN

- La Ley Orgánica contempla una importante novedad respecto del Proyecto: la garantía de los derechos digitales de los ciudadanos, conforme a los dictados establecidos en el artículo 18.4 de la Constitución Española.
- El Título X de la Ley Orgánica aborda este contenido bajo la rúbrica "Garantía de los derechos digitales", y a lo largo de 19 artículos: del 79 al 97Los procedimientos se incoan de oficio o a instancia de parte.
- En el Proyecto de Ley remitido por el Gobierno al Congreso (noviembre de 2017), este título no aparecía.
- Objeto de este título: corresponde a los poderes públicos impulsar políticas que hagan efectivos los derechos de la ciudadanía en Internet promoviendo la igualdad de los ciudadanos y de los grupos en los que se integran para hacer posible el pleno ejercicio de los derechos fundamentales en la realidad digital.
- La Agencia no tiene competencias en relación a los derechos de la Era Digital. Estos derechos y las facultades que se atribuyen a sus titulares van a ser garantizados por algún organismo público determinado en el desarrollo normativo de la Ley Orgánica.
- Contenido: derechos generales de los ciudadanos en internet, derechos de los menores, derechos en el ámbito laboral, derechos relacionados con los medios de comunicación digitales, derecho al olvido en internet, derecho a la portabilidad en redes sociales.
- Los derechos y libertades consagrados tanto en la Constitución como en los Tratados y Convenios Internacionales en los que nuestro país sea parte son plenamente aplicables en internet.
- Los prestadores de servicios de la sociedad de la información y los proveedores de servicios de internet contribuirán a garantizar la aplicación de tales derechos.
- Derecho a la neutralidad de internet: la obligación de los proveedores

de servicios de internet de proporcionar "una oferta transparente de servicios sin discriminación por motivos técnicos o económicos".

⇨ Derecho de acceso universal a internet: todos tienen derecho a acceder a internet; este acceso será universal, de calidad y no discriminatorio, incluyendo a las personas con necesidades especiales, superando barreras de género, generacionales y las que representa el entorno rural.

⇨ Derecho a la seguridad digital: los usuarios de internet tienen el derecho a la seguridad en las comunicaciones tanto que transmitan como que reciban por internet.

⇨ Derechos específicos de los menores: el sistema educativo debe asegurar la plena inserción de alumnos en la sociedad digital y el aprendizaje de un uso de los medios digitales seguro y respetuoso con la dignidad humana, con los valores constitucionales, los derechos fundamentales y, en particular, con el respeto y garantía de la intimidad personal y familiar y la protección de datos.

⇨ En el diseño del bloque de asignaturas de libre configuración las Administraciones educativas deben incluir la competencia digital, así como los elementos relativos a situaciones de riesgo que se puedan derivar de una utilización inadecuada de las TIC; especial mención realiza la Ley a la atención reforzada que ha de prestarse a las situaciones de violencia en la red.

⇨ En cuanto al profesorado, la LOPD garantiza que recibirán las competencias digitales y la formación necesaria para la enseñanza, así como para la transmisión de valores y derechos señalados.

⇨ Prevé la Ley Orgánica la inclusión de materias relacionadas con la garantía de los derechos digitales y la protección de datos en los temarios de las pruebas de acceso a los cuerpos superiores y a las de aquellos que de forma habitual desempeñen funciones que impliquen el acceso a datos personales.

⇨ En cuanto a la específica protección de sus datos, tanto los centros educativos como las personas físicas o jurídicas que desarrollen actividades en las que participen menores de edad deben garantizar la protección del interés superior del menor y de sus derechos fundamentales.

⇨ Las publicaciones o difusiones se vayan a realizar a través de servicios de redes sociales o equivalentes, debe constar el consentimiento del menor o de sus representantes legales.

⇨ Los derechos aplicables al ámbito laboral lo son en toda su extensión incluyendo empleados públicos.

⇨ Derecho a la intimidad y uso de dispositivos digitales en este ámbito. Dispositivos digitales que son los puestos a su disposición por el empleador.

⇨ El acceso del empleador al contenido de los dispositivos digitales también debe quedar regulado, informándose siempre a los trabajadores.

⇨ Derecho de trabajadores y empleados públicos a la desconexión digital: garantía de que, fuera del tiempo legal o convencional de trabajo, se respetará su tiempo de descanso, vacaciones, permisos, así como de su intimidad personal y familiar.

⇨ Las modalidades de ejercicio de este derecho potenciarán la conciliación de la vida laboral, personal y familiar, además de sujetarse a lo establecido en la negociación colectiva o a lo acordado entre empresa y representantes de los trabajadores en su defecto.

⇨ El contenido de este derecho y las modalidades de su ejercicio se van a establecer por el empleador en la política interna que al efecto elabore, siempre con audiencia previa a los representantes de los trabajadores.

⇨ Derecho a la intimidad frente al uso de dispositivos de videovigilancia y de grabación de sonidos en el lugar de trabajo: el tratamiento de las imágenes obtenidas a través de estos dispositivos tendrá como fin el ejercicio de funciones de control de los trabajadores o empleados públicos.

- ⇨ El límite a la instalación de los sistemas de grabación de sonidos y de videovigilancia lo encontramos en los lugares de descanso o esparcimiento: vestuarios, aseos, comedores y análogos.

- ⇨ Los sistemas de geolocalización podrán utilizarse por los empleadores y el tratamiento de los datos obtenidos por estos sistemas se autoriza únicamente para el ejercicio de funciones de control de los empleados. Previa información a los trabajadores.

- ⇨ Los derechos relacionados con los medios de comunicación digitales incluyen el derecho a la libertad de expresión en internet y el derecho de rectificación: los responsables de redes sociales y servicios equivalentes protocolos que posibiliten la rectificación ante usuarios que difundan contenidos atentatorios contra el honor, la intimidad personal y familiar en Internet o el derecho a comunicar o recibir libremente información veraz.

- ⇨ Presentada solicitud de rectificación dirigida frente a un medio de comunicación digital será necesario que éste publique en sus archivos digitales aviso aclaratorio que ponga de manifiesto que la noticia original no refleja la situación actual del individuo.

- ⇨ Derecho al olvido en internet: dos modalidades prevé la LOPD. La primera, el derecho de toda persona frente a los motores de búsqueda de internet y el derecho frente a los servicios de redes sociales y servicios de la sociedad de la información equivalentes.

- ⇨ En su primera vertiente supone la obligación de los motores de búsqueda de eliminar de su lista de resultados los obtenidos a partir del nombre del usuario, así como de los enlaces que contengan información relativa a la persona si inadecuados, inexactos, no pertinentes, no actualizados o excesivos o hubieran devenido como tales por el transcurso del tiempo.

- ⇨ La segunda modalidad regula el derecho que asiste a toda persona a que se suprima a su solicitud, datos personales publicados en redes sociales cuando los facilitó la misma persona e incluso por terceros en estos casos: cuando sean inadecuados, inexactos, no pertinentes, no actualizados, en el momento o por transcurso del tiempo, así como cuando las circunstancias personales invocadas evidencien la prevalencia de los derechos del usuario por encima del mantenimiento de los datos por el servicio.

- ⇨ Derecho a la portabilidad en las redes sociales: los usuarios de servicios de redes sociales y servicios de la sociedad de información equivalentes tendrán derecho a recibir y transmitir los contenidos facilitados a prestadores de estos servicios, así como a que éstos los transmitan directamente a otro prestador designado por el usuario.
- ⇨ Derecho al testamento digital: reglas por las cuales se va a regir el acceso a los contenidos gestionados por prestadores de servicios de la sociedad de la información sobre personas fallecidas.
- ⇨ Las personas vinculadas a los fallecidos (vínculos familiares o de hecho), así como sus herederos, podrán dirigirse a los prestadores de servicios de la información con la finalidad de acceder a los contenidos y expresar las instrucciones que regirán su uso, destino o supresión.
- ⇨ Excepción: no habrá derecho de acceso, modificación o eliminación si la persona fallecida lo prohibió de forma expresa o lo establece de esta forma una ley.
- ⇨ El Plan de Acceso a Internet se elaborará por el Gobierno con la colaboración de las Comunidades Autónomas.
- ⇨ Objetivos: superar brechas digitales, garantizar el acceso a internet de colectivos vulnerables, desfavorecidos económicamente, impulsar la existencia de espacios públicos de conexión, fomento de medidas educativas para la formación en competencias y habilidades digitales básicas a personas y colectivos en riesgo de exclusión, capacidades para uso autónomo y responsable de internet y tecnologías digitales.
- ⇨ Plan de Actuación: su objeto es promover las acciones de formación, difusión y concienciación necesarias para lograr que los menores de edad hagan un uso equilibrado y responsable de los dispositivos digitales y de las redes sociales, así como de los servicios de la sociedad de la información equivalentes a internet.

MÓDULO

2. Seguridad Informática y Firma Electrónica

Contenido del Módulo

ICB
EDITORES

UNIDAD

2.1. Introducción a la Firma electrónica

Contenido de la Unidad

- La firma electrónica
- Las entidades de certificación
- Certificado electrónico
- El DNI Electrónico como Certificado Digital
- Marco legal
- Resumen

ICB
EDITORES

1. LA FIRMA ELECTRÓNICA

1.1. Definición y Contexto

La firma electrónica es un método que permite firmar digitalmente documentos y comunicaciones en el entorno digital. Esta tecnología es fundamental en la era digital, ya que ofrece una solución práctica y segura para validar documentos de manera electrónica.

La firma electrónica es equivalente en términos legales a la firma manuscrita, lo que significa que tiene la misma validez y efectos jurídicos.

1.2. Funcionamiento

El funcionamiento de una firma electrónica se basa en el uso de tecnologías de cifrado y autenticación.

Cuando una persona firma un documento de manera electrónica, se genera un conjunto de datos asociados tanto al documento como al firmante. Esta vinculación asegura que cualquier cambio posterior en el documento se detecte fácilmente, lo que garantiza la integridad del contenido firmado.

1.3. Tipos de Firma Electrónica

Existen diferentes tipos de firma electrónica, cada una adecuada para distintas necesidades y niveles de seguridad:

- ⇨ Firma Electrónica Simple: Es la forma más básica, puede ser simplemente una imagen de una firma manuscrita insertada en un documento.
- ⇨ Firma Electrónica Avanzada: Ofrece mayor seguridad, vinculando la firma de manera única al firmante y al documento.
- ⇨ Firma Electrónica Cualificada: Es el tipo más seguro, creada con medios que el firmante puede mantener bajo su control exclusivo, y que está certificada por una entidad acreditada.

1.4. Aplicaciones y Beneficios

La firma electrónica tiene múltiples aplicaciones en diversos sectores, como el empresarial, legal, bancario y gubernamental. Su uso agiliza procesos, reduce costos de papel y envíos, y mejora la eficiencia operativa. Además, brinda un alto nivel de seguridad y ayuda en la reducción de fraudes documentales.

1.5. Consideraciones Legales

Es importante destacar que la validez legal de la firma electrónica puede variar según las leyes de cada país o región. Sin embargo, en la mayoría de los contextos internacionales, estas firmas son aceptadas y reguladas para garantizar su autenticidad y seguridad jurídica.

1.6. Aspectos Clave de la Firma Electrónica

- Identificación del Firmante

La identificación del firmante es un pilar fundamental de la firma electrónica. Se asegura mediante el uso de certificados digitales, que son como una especie de identificación electrónica. Estos certificados contienen información clave sobre el firmante y están emitidos por entidades de certificación de confianza.

Cuando una persona firma electrónicamente un documento, su identidad se asocia de manera única y verificable con esa firma. Esto garantiza que la persona que firma es quien dice ser, ofreciendo un alto nivel de seguridad en las transacciones digitales.

- Garantía de la Integridad del Documento

Otro aspecto crucial de la firma electrónica es la garantía de la integridad del documento. Esto significa que una vez que un documento ha sido firmado electrónicamente, cualquier alteración posterior en su contenido puede ser detectada. La tecnología detrás de esto utiliza lo que se conoce como un "hash", que es una representación digital única del documento.

Si el documento se modifica después de haber sido firmado, el hash cambiará, indicando que el documento ya no es el mismo que fue firmado originalmente. Esta característica asegura que la información contenida en el documento firmado permanezca inalterada y fiable.

- Garantía de la Firma

La garantía de la firma se refiere a la seguridad y validez de la propia firma electrónica. Las firmas electrónicas avanzadas y cualificadas ofrecen una mayor garantía en este sentido. Estas firmas se generan y almacenan utilizando tecnologías seguras, de modo que solo el firmante tiene control sobre su uso.

Además, las firmas cualificadas requieren de un dispositivo seguro de creación de firma, lo que añade una capa adicional de seguridad. Esta garantía asegura que la firma no pueda ser replicada o utilizada sin el consentimiento del firmante, protegiendo contra el fraude y el uso no autorizado

2. Las entidades de certificación

2.1. Marco Legal

En España, la firma electrónica y las entidades de certificación están reguladas principalmente por el Reglamento (UE) nº 910/2014, conocido como eIDAS (Electronic Identification, Authentication and Trust Services). Este reglamento establece un marco legal común para las firmas electrónicas y los servicios relacionados en toda la Unión Europea. Además, la Ley 59/2003 de Firma Electrónica proporciona un marco específico para el uso y reconocimiento legal de la firma electrónica en España.

2.2. Función y Proceso de Certificación

Las entidades de certificación en España se encargan de emitir certificados digitales que vinculan un par de claves criptográficas con una persona o entidad. Siguiendo los estándares eIDAS y las regulaciones nacionales, estas entidades verifican la identidad de los solicitantes antes de emitir los certificados. Esto asegura la autenticidad y la integridad en las transacciones digitales.

2.3. Entidades Certificadoras Destacadas

Algunas de las entidades de certificación más reconocidas en España incluyen:

- FNMT-RCM (Fábrica Nacional de Moneda y Timbre - Real Casa de la Moneda): Es una de las principales autoridades de certificación en España, proporcionando certificados digitales para ciudadanos, empresas y entidades administrativas.
- Camerfirma: Esta entidad, vinculada a las Cámaras de Comercio, ofrece una variedad de certificados digitales para diferentes propósitos empresariales y profesionales.
- IVC (Izenpe - Euskadi): Específica del País Vasco, Izenpe ofrece servicios de certificación y firma electrónica adaptados a las necesidades de la comunidad autónoma.

2.4. Revocación y Seguridad

Las entidades de certificación en España mantienen listas de revocación de certificados accesibles al público para garantizar la seguridad y la actualización constante en caso de compromiso o cambio de los datos del titular.

La regulación y operación de las entidades de certificación en España aseguran un alto nivel de confianza y seguridad en las transacciones electrónicas, alineándose con los estándares europeos e internacionales. Si deseas más información sobre algún aspecto específico o alguna entidad en particular, estaré encantado de proporcionarla.

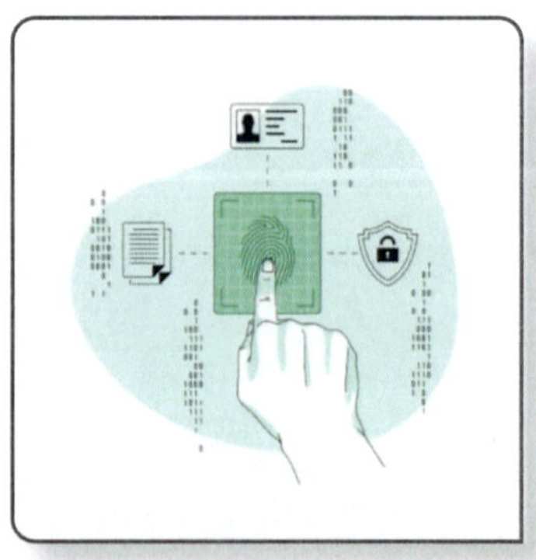

3. Certificado electrónico

3.1. Definición y Función

Un certificado electrónico es un documento digital que vincula un conjunto de datos de identificación de una persona o entidad con una clave pública. Este certificado, emitido por una entidad de certificación de confianza, es la base para la autenticación digital y la firma electrónica. Funciona como un pasaporte digital que acredita la identidad del titular en el ámbito electrónico, facilitando transacciones seguras y confiables.

3.2. Estructura y Contenido

Un certificado electrónico típicamente incluye:

- ⇨ Información del Titular: Nombre, datos de identificación y, en algunos casos, detalles adicionales.
- ⇨ Clave Pública: Parte de un par de claves criptográficas, la otra siendo la clave privada que queda en posesión exclusiva del titular.
- ⇨ Datos de la Entidad Certificadora: Nombre y detalles de la entidad que emite y garantiza la validez del certificado.
- ⇨ Período de Validez: Fecha de inicio y fin de la validez del certificado.
- ⇨ Número de Serie: Un identificador único del certificado.
- ⇨ Firma Digital de la Entidad Certificadora: Asegura la autenticidad del certificado.

3.3. Tipos de Certificados Electrónicos

Existen varios tipos de certificados electrónicos, cada uno diseñado para diferentes propósitos:

- ⇨ Certificados de Firma Electrónica: Utilizados para firmar digitalmente documentos, garantizando su autoría e integridad.
- ⇨ Certificados de Sello Electrónico: Empleados por entidades para validar documentos de forma oficial.
- ⇨ Certificados de Autenticación de Sitio Web: Usados en sitios web para asegurar conexiones seguras (por ejemplo, SSL/TLS).

3.4. Usos y Aplicaciones

Los certificados electrónicos tienen una amplia gama de aplicaciones, como:

- ⇨ Firmar digitalmente documentos y correos electrónicos.
- ⇨ Autenticar identidades en servicios en línea.
- ⇨ Realizar transacciones electrónicas seguras.
- ⇨ Garantizar la seguridad en las comunicaciones empresariales y gubernamentales.

3.5. Seguridad y Gestión

La seguridad de un certificado electrónico depende del manejo cuidadoso de la clave privada asociada. Es responsabilidad del titular asegurarse de que esta clave permanezca confidencial y protegida. Además, la gestión adecuada del certificado incluye estar atento a su fecha de vencimiento y renovarlo cuando sea necesario.

El certificado electrónico es un componente esencial en el ecosistema de la seguridad digital, proporcionando la base para operaciones en línea seguras y confiables. Si hay algún aspecto adicional o específico sobre los certificados electrónicos que te gustaría explorar, por favor házmelo saber.

4. El DNI Electrónico como Certificado Digital

4.1. Definición y Características

El DNI electrónico, también conocido como DNIe, es una versión avanzada del Documento Nacional de Identidad en España. Incorpora un chip electrónico que almacena certificados digitales y una clave personal, convirtiéndolo en un potente instrumento de identificación y autenticación electrónica. Este documento permite a los ciudadanos realizar una variedad de operaciones en línea de forma segura, con la misma validez legal que si se realizasen de manera presencial.

4.2. Componentes del DNIe

- Chip Integrado: Contiene la información personal del titular, incluyendo su fotografía y datos biométricos.
- Certificados Digitales: El DNIe incluye al menos dos certificados digitales - uno para la firma electrónica y otro para la autenticación de identidad.
- Claves Criptográficas: Una clave privada, que se usa en conjunto con el certificado de firma electrónica, y que está protegida por un PIN.

4.3. Funciones Principales

El DNI electrónico permite:

- Autenticación en Servicios Online: Acceder a servicios electrónicos del gobierno, bancos y otras entidades, proporcionando una identificación segura.
- Firma Digital de Documentos: Firmar documentos electrónicos con la misma validez legal que una firma manuscrita.
- Realización de Trámites Administrativos: Facilita la realización de trámites con la administración pública, como la declaración de impuestos, solicitud de citas médicas, entre otros.

4.4. Ventajas

- Seguridad: Ofrece un alto nivel de seguridad en las transacciones electrónicas.
- Comodidad: Reduce la necesidad de realizar trámites de manera presencial.
- Validez Legal: Las acciones realizadas con el DNIe tienen plena validez jurídica.

4.5. Obtención y Activación

Los ciudadanos españoles pueden solicitar el DNI electrónico en las oficinas de expedición de DNI. Tras su obtención, es necesario activar los certificados digitales y establecer un PIN para su uso.

4.6. Consideraciones de Seguridad

Es importante mantener la confidencialidad del PIN del DNIe y seguir buenas prácticas de seguridad, como no compartir el PIN y renovar el DNIe al expirar sus certificados.

El DNI electrónico es un claro ejemplo de cómo la tecnología de certificación digital se integra en la vida cotidiana, facilitando la interacción segura y eficiente con una amplia gama de servicios electrónicos. Si necesitas más detalles o una explicación más específica de alguna de sus funciones o aspectos, estaré encantado de ayudarte.

5. Marco legal

En la era digital, comprender el marco legal que regula la firma y la facturación electrónica es fundamental para empresas, profesionales y ciudadanos que interactúan en el entorno digital. En España, estas actividades están respaldadas por un conjunto de leyes y normativas que no solo garantizan su validez legal, sino que también aseguran la seguridad, transparencia y eficiencia en las transacciones electrónicas.

El marco legal abarca desde la normativa general que regula la factura y la firma electrónica, destacando la importancia de la Ley 6/2020, una pieza clave en la legislación española sobre firma electrónica. Además, se explorará la aplicación práctica de estas leyes en plataformas como FACe (Punto General de Entrada de Facturas de la Administración General del Estado), que ejemplifica cómo las entidades gubernamentales adoptan y facilitan estos procesos digitales.

Este segmento proporcionará una visión clara y detallada del entorno legal que rodea a la firma y facturación electrónica, enfocándose en su aplicación práctica y en cómo afectan a las actividades cotidianas en el ámbito digital.

5.1. Normas que regulan la firma electrónica

Las normativas que rigen la firma electrónica en España son clave para entender el marco legal en el que operan estas tecnologías. Estas normas aseguran la validez, autenticidad, y seguridad de las transacciones y documentos electrónicos.

- Ley 6/2020: Sustituyendo a la Ley 59/2003, esta ley regula los servicios electrónicos de confianza, incluyendo la firma electrónica. Cubre aspectos como la expedición de certificados cualificados y las garantías económicas que deben presentar los prestadores de servicios de confianza.

- Reglamento (UE) 910/2014 (eIDAS): También aplicable a la firma electrónica, este reglamento armoniza las normas para la firma electrónica a nivel europeo, garantizando su validez legal y la interoperabilidad entre los Estados miembros de la UE.

Estas normativas constituyen un marco integral que respalda la implementación y uso seguro de la factura y firma electrónica en España, adaptándose a las necesidades de la era digital y proporcionando un entorno legal claro para empresas, autoridades públicas y ciudadanos.

5.1.1. La Ley 6/2020

- **Contexto y Propósito**

La Ley 6/2020, de 11 de noviembre, es una legislación clave en España que regula determinados aspectos de los servicios electrónicos de confianza, incluyendo la firma electrónica. Esta ley complementa y se alinea con el Reglamento (UE) 910/2014 (eIDAS), y se estableció con el objetivo de adaptar y actualizar la legislación nacional a las realidades y necesidades del entorno digital moderno.

- **Aspectos Principales de la Ley 6/2020**

  ⇨ Regulación de Servicios Electrónicos de Confianza: La ley introduce normativas específicas para los servicios electrónicos de confianza cualificados, que abarcan más allá de la firma electrónica, incluyendo sellos electrónicos, servicios de validación, conservación de firmas y sellos, entre otros.

  ⇨ Seguridad y Supervisión: Establece elevadas exigencias de supervisión y seguridad para estos servicios, reflejándose en su importancia probatoria en comparación con servicios no cualificados.

  ⇨ Adaptación Nacional al Marco Europeo: La ley busca complementar el Reglamento eIDAS en aspectos no armonizados, permitiendo una regulación coherente y acorde con la normativa europea.

  ⇨ Régimen Sancionador y Obligaciones de los Prestadores: Define un régimen sancionador y establece obligaciones detalladas para los prestadores de servicios de confianza, incluyendo la necesidad de adoptar medidas para garantizar la seguridad de los servicios.

  ⇨ Exigencias para Certificados Electrónicos: La ley establece disposiciones sobre la expedición y contenido de los certificados cualificados, incluyendo su tiempo máximo de vigencia y los requisitos para su renovación.

  ⇨ Innovación y Tecnología: Abre la posibilidad de prestación de servicios innovadores, como la firma y sello electrónicos remotos, y establece requisitos para garantizar la seguridad y reconocimiento jurídico de estos servicios.

- **Relevancia y Aplicación**

La Ley 6/2020 es fundamental en el marco legal español para la regulación de la firma y otros servicios electrónicos de confianza. Asegura la coherencia con los estándares europeos y responde a las demandas de un entorno digital en constante evolución, ofreciendo un marco legal actualizado y detallado para la operación segura y eficiente de estos servicios esenciales en la sociedad y economía digitales.

Resumen

- Este contenido proporciona una introducción detallada a la firma electrónica en el contexto de la era digital. Se destacan los siguientes puntos clave:
- Firma Electrónica:
  - Definición y funcionamiento de la firma electrónica como método para firmar documentos digitalmente, con validez legal.
  - Tipos de firma electrónica, incluyendo simple, avanzada y cualificada.
  - Aplicaciones y beneficios de la firma electrónica en diversos sectores.
  - Consideraciones legales y la importancia de la identificación del firmante, la integridad del documento y la garantía de la firma.
- Entidades de Certificación:
  - Descripción del marco legal en España que regula las entidades de certificación.
  - Función y proceso de certificación de entidades en la emisión de certificados digitales.
  - Ejemplos de entidades de certificación destacadas en España.
  - La importancia de la revocación y seguridad en la operación de estas entidades.
- Certificado Electrónico:
  - Definición y función del certificado electrónico como documento digital vinculado a la identidad del titular.
  - Estructura y contenido típico de un certificado electrónico.
  - Tipos de certificados electrónicos y sus usos.
  - Aspectos de seguridad y gestión asociados al certificado electrónico.

- DNI Electrónico como Certificado Digital:
  - Descripción del DNI electrónico y sus componentes.
  - Funciones principales del DNIe en autenticación, firma y trámites en línea.
  - Ventajas del DNIe en términos de seguridad y validez legal.
  - Proceso de obtención y consideraciones de seguridad asociadas.
- Marco Legal:
  - Resumen de las normativas que regulan la firma electrónica en España.
  - Enfoque en la Ley 6/2020 y su papel en la regulación de servicios electrónicos de confianza, incluyendo la firma electrónica.
  - Mención de la Ley 18/2022 y su relevancia en la facturación electrónica.

UNIDAD

2.2. La Firma Electrónica

Contenido de la Unidad

- Concepto de firma electrónica
- Elementos de la firma electrónica
- Tipos de firmas
- Dispositivos externos de firma electrónica
- Resumen

1. CONCEPTO DE FIRMA ELECTRÓNICA

La firma electrónica es un concepto clave en la era digital, especialmente en el contexto de las transacciones y comunicaciones en línea. Se define como un equivalente electrónico de una firma manuscrita, utilizada para autenticar la identidad del firmante de un documento digital y asegurar la integridad del contenido del documento.

En la Unión Europea, el Reglamento (UE) nº 910/2014, conocido como eIDAS, establece el marco legal para las firmas electrónicas, proporcionando las normas y estándares que deben cumplir para ser reconocidas en todos los Estados miembros.

La firma electrónica es una herramienta esencial en el mundo digital, permitiendo transacciones electrónicas seguras, eficientes y legalmente válidas, tanto para individuos como para organizaciones. Su uso ha ganado relevancia en diversas áreas, incluyendo negocios, finanzas, y administración pública, facilitando operaciones que tradicionalmente requerían de una firma manuscrita y presencia física.

1.1. Aspectos básicos de la firma electrónica según la ley 6/2020

La Ley 6/2020, de 11 de noviembre, regula aspectos clave de los servicios electrónicos de confianza en España, enfocándose en la firma electrónica y complementando el Reglamento (UE) 910/2014 (eIDAS). Esta ley representa un esfuerzo para adaptar el ordenamiento jurídico español al marco regulatorio de la Unión Europea, proporcionando seguridad jurídica en la prestación de servicios electrónicos de confianza.

Aspectos destacados de la Ley 6/2020 en relación con la firma electrónica incluyen:

- ⇨ Certificados Electrónicos: La ley establece disposiciones para la expedición y contenido de los certificados cualificados. Estos certificados tienen un tiempo máximo de vigencia de cinco años y deben incluir identificadores personales, como el DNI o NIF, garantizando así la identificación unívoca y permanente del titular.

⇨ Firma Electrónica para Personas Físicas: La ley dispone que únicamente las personas físicas están capacitadas para firmar electrónicamente, eliminando la emisión de certificados de firma electrónica a favor de personas jurídicas o entidades sin personalidad jurídica.

⇨ Sellos Electrónicos para Personas Jurídicas: A las personas jurídicas se les reservan los sellos electrónicos, que garantizan la autenticidad e integridad de documentos como facturas electrónicas.

⇨ Obligaciones y Responsabilidad de Prestadores de Servicios: Se establece un régimen de obligaciones y responsabilidades para los prestadores de servicios electrónicos de confianza, incluyendo la constitución de una garantía económica.

⇨ Fuerza Probatoria de Documentos Electrónicos Privados: La ley introduce una modificación relacionada con la fuerza probatoria de los documentos electrónicos privados, estableciendo una presunción de validez para aquellos que emplean servicios de confianza cualificados.

⇨ Interoperabilidad y Seguridad: La ley se alinea con el Esquema Nacional de Interoperabilidad y el Esquema Nacional de Seguridad, estableciendo las normas técnicas y de seguridad para la firma electrónica y los certificados.

La Ley 6/2020 representa un avance significativo en la regulación de la firma electrónica en España, alineándose con las directrices de la Unión Europea y mejorando la seguridad y eficiencia en las transacciones electrónicas.

1.2. Proceso de firma reconocida

El proceso de firma electrónica cualificada o reconocida en España es un método seguro y legalmente válido para firmar documentos digitales. Este tipo de firma utiliza certificados digitales emitidos por Autoridades de Certificación cualificadas y garantiza la identificación inequívoca del firmante. Para obtener una firma electrónica cualificada, el firmante debe someterse a un proceso de verificación de identidad ante la Autoridad de Certificación, que luego emite el certificado digital necesario para la firma.

Este certificado es único y personal, asegurando que solo el titular puede utilizarlo para firmar electrónicamente documentos. La firma electrónica cualificada es ampliamente utilizada en diversos contextos, incluyendo contratos comerciales, trámites legales y documentos oficiales, ofreciendo una serie de ventajas como alta seguridad, validez legal sólida e integridad del contenido del documento. Para más detalles, puedes visitar la página de Efirma.

1.3. Utilidad de la firma electrónica

La firma electrónica tiene una amplia gama de utilidades que facilitan y aseguran las transacciones y comunicaciones en el entorno digital. Sus aplicaciones más significativas incluyen:

- Autenticación de Documentos: Garantiza que un documento ha sido firmado por la persona específica, proporcionando autenticidad y legalidad.
- Seguridad en Transacciones: Asegura que los documentos electrónicos no han sido alterados después de ser firmados, aumentando la confianza en las transacciones en línea.
- Eficiencia en Procesos Administrativos: Agiliza procedimientos burocráticos, tanto en el sector privado como en el público, al permitir la firma de documentos sin necesidad de presencia física.
- Ahorro de Tiempo y Recursos: Reduce la necesidad de imprimir y manejar documentos físicos, lo que conlleva un ahorro significativo en tiempo y recursos.
- Legalidad en Contratos Electrónicos: Proporciona un marco legal sólido para la firma de contratos electrónicos, haciéndolos tan válidos como los firmados en papel.
- Facilita el Comercio Electrónico: Esencial para el funcionamiento eficiente y seguro del comercio electrónico y otras formas de negocios digitales.

La firma electrónica, por lo tanto, es una herramienta clave en la era digital, mejorando la eficiencia, seguridad y legalidad de una amplia variedad de procesos y transacciones en línea.

1.4. El documento electrónico

Un documento electrónico es un archivo en formato digital que contiene información o datos. Puede ser creado, almacenado, enviado y recibido electrónicamente. Este tipo de documento se ha vuelto esencial en la era digital, ya que ofrece varias ventajas sobre los documentos físicos, como la facilidad de distribución, la capacidad de ser fácilmente editado o actualizado, y la posibilidad de ser firmado digitalmente mediante firmas electrónicas. Los documentos electrónicos se utilizan ampliamente en una variedad de contextos, incluyendo comunicaciones empresariales, transacciones legales, registros gubernamentales, y en la educación y la investigación.

2. Elementos de la firma electrónica

La firma electrónica, un elemento crucial en el mundo digital, se basa en tecnologías complejas que garantizan su seguridad y eficacia. Entre sus componentes fundamentales se encuentran:

- Sistemas Criptográficos Asimétricos: Estos sistemas utilizan un par de claves, una pública y otra privada, para crear y verificar firmas. Son esenciales para garantizar que solo el titular de la firma pueda generarla y que cualquier persona pueda verificarla.
- Funciones Hash: Son algoritmos que transforman los documentos en un conjunto de caracteres de longitud fija, único para cada documento. Esto permite verificar la integridad del documento firmado.
- Sellos Temporales: Proporcionan una prueba de que una firma electrónica se realizó en un momento específico, lo cual es vital para contextos donde el tiempo es un factor crítico.
- Confidencialidad de los Mensajes: Se refiere a la protección de la información contenida en los mensajes electrónicos para que solo puedan ser leídos por las partes autorizadas.

Cada uno de estos elementos juega un papel vital en la efectividad y confiabilidad de la firma electrónica, permitiendo transacciones seguras y autenticadas en el ámbito digital.

2.1. Sistemas criptográficos asimétricos o de clave pública

Los sistemas criptográficos asimétricos o de clave pública son esenciales para la firma electrónica debido a su capacidad para asegurar la autenticidad e integridad de los documentos electrónicos. Estos sistemas funcionan con dos claves diferentes pero matemáticamente relacionadas: una clave pública, que se comparte abiertamente, y una clave privada, que se mantiene en secreto por el usuario. Al firmar un documento, se utiliza la clave privada para generar una firma única. Luego, cualquier persona puede usar la clave pública correspondiente para verificar que la firma es auténtica y que el documento no ha sido modificado después de ser firmado. Este mecanismo no solo valida la autoría del documento, sino que también asegura que el contenido del documento firmado permanezca inalterado, aumentando así la confiabilidad de las transacciones electrónicas.

2.2. Las funciones hash

Las funciones hash en criptografía son algoritmos que toman un archivo de entrada (como un documento) y producen una cadena alfanumérica de longitud fija, conocida como "valor hash". Este valor es único para cada entrada; incluso un pequeño cambio en el documento original generará un valor hash completamente diferente. En el contexto de la firma electrónica, las funciones hash son críticas para garantizar la integridad de los datos. Se utiliza un valor hash del documento original en el proceso de firma, asegurando que cualquier alteración posterior del documento pueda ser detectada. Así, las funciones hash actúan como un mecanismo eficaz para mantener y verificar la integridad de los documentos electrónicos.

2.3. Los sellos temporales

Los sellos temporales son un mecanismo en criptografía y seguridad digital utilizado para proporcionar una prueba verificable de la fecha y hora exactas en las que se realizó una determinada acción, como firmar un documento electrónicamente. Actúan como un registro de tiempo que certifica cuándo se firmó un documento, lo que es crucial para validar la autenticidad y la integridad de la firma electrónica en el tiempo. Los sellos temporales son importantes especialmente en contextos legales y financieros, donde la fecha y hora exactas de una firma pueden ser críticas.

2.4. La confidencialidad de los mensajes

La confidencialidad de los mensajes es un aspecto crucial en la comunicación y las transacciones electrónicas. Se refiere a la protección de la información contenida en los mensajes para asegurar que solo las personas autorizadas puedan acceder y leerla. Esto se logra típicamente mediante el uso de técnicas criptográficas, como el cifrado, que transforma los datos en un formato ilegible para cualquiera que no tenga la clave de descifrado correspondiente. La confidencialidad es vital para proteger la privacidad, los secretos comerciales, y la información sensible en general, especialmente en comunicaciones digitales donde el riesgo de interceptación y acceso no autorizado es significativo.

Los elementos criptográficos, funciones hash y sellos temporales se usan en varios contextos:

- ⇨ Comercio Electrónico: En transacciones online, para asegurar la autenticidad de los datos transmitidos y la integridad del pago electrónico.
- ⇨ Banca en Línea: Para proteger la confidencialidad de las transacciones y validar la identidad de los usuarios.
- ⇨ Firmas Electrónicas en Contratos: Utilizados para asegurar que un contrato no ha sido alterado después de ser firmado.
- ⇨ Correo Electrónico Seguro: Para verificar la autenticidad del remitente y garantizar que el mensaje no ha sido modificado en tránsito.
- ⇨ Estos elementos son esenciales para garantizar la seguridad y confianza en las transacciones y comunicaciones digitales.

3. TIPOS DE FIRMAS

En el ámbito de la firma electrónica, existen distintos tipos que varían en términos de seguridad, validez legal y complejidad tecnológica. Estos tipos incluyen la firma electrónica simple, la firma electrónica avanzada y la firma electrónica reconocida o cualificada. Cada una de estas categorías cumple con diferentes requisitos y se utiliza en distintos contextos, desde transacciones cotidianas hasta acuerdos legales y comerciales de alta importancia.

A continuación, exploraremos las características y diferencias clave entre estos tres tipos de firma electrónica.

3.1. Firma electrónica simple

La firma electrónica simple es el nivel más básico de firma electrónica. No requiere de herramientas de verificación de identidad específicas y no está vinculada de manera única al firmante. Este tipo de firma puede ser una reproducción digital de una firma manuscrita o cualquier marca que el firmante elija para dar su consentimiento.

Aunque la firma electrónica simple es conveniente y fácil de usar, ofrece un nivel de seguridad más bajo que otros tipos de firmas electrónicas y su validez legal puede ser limitada en ciertos contextos, especialmente en situaciones donde se requiere una autenticación más fuerte del firmante.

La firma electrónica simple se caracteriza por su facilidad de uso y accesibilidad. No requiere de herramientas tecnológicas avanzadas para su creación o verificación, lo que la hace conveniente para una variedad de aplicaciones básicas.

Sin embargo, en términos de seguridad, ofrece un nivel más bajo en comparación con otros tipos de firmas electrónicas, ya que no implica procesos de verificación de identidad avanzados ni está vinculada de manera única e inequívoca al firmante.

En cuanto a su validez legal, puede ser limitada para ciertos usos, especialmente en situaciones que requieren una mayor seguridad y autenticación del firmante. La firma electrónica simple es adecuada para transacciones que no implican riesgos significativos o en contextos donde la identidad del firmante y la integridad del documento no son críticas.

3.2. Firma electrónica avanzada

La firma electrónica avanzada proporciona un nivel de seguridad más alto que la firma electrónica simple. Está vinculada de manera única al firmante y permite su identificación. Esta firma se crea utilizando medios que el firmante controla y está asociada con los datos firmados de tal manera que cualquier cambio posterior en los datos es detectable. Debido a estas características, la firma electrónica avanzada es más confiable para transacciones que requieren una verificación de identidad más sólida y una garantía de integridad del documento.

La firma electrónica avanzada ofrece un equilibrio entre facilidad de uso y seguridad. Aunque puede requerir herramientas más sofisticadas que una firma electrónica simple, sigue siendo accesible y manejable para la mayoría de los usuarios. En términos de seguridad, ofrece un nivel significativamente más alto al estar vinculada de manera única al firmante, permitiendo su identificación y asegurando que los datos firmados no han sido modificados. Legalmente, la firma electrónica avanzada tiene una mayor validez en comparación con la firma simple, siendo adecuada para una amplia gama de transacciones y documentos electrónicos donde se requiere una mayor seguridad y autenticidad.

3.3. Firma electrónica reconocida o cualificada

La firma electrónica reconocida o cualificada es el tipo de firma electrónica más seguro y con la mayor validez legal. Está basada en certificados digitales cualificados emitidos por entidades de certificación acreditadas. Esta firma vincula inequívocamente al firmante con el documento y garantiza la integridad del contenido firmado. Dado su alto nivel de seguridad y autenticidad, es ampliamente aceptada en transacciones legales y comerciales importantes, y en muchos países tiene la misma validez legal que una firma manuscrita. Su proceso de creación y validación es más riguroso, lo que proporciona una mayor confianza y cumplimiento normativo en el entorno digital.

La firma electrónica reconocida o cualificada es la más segura y legalmente robusta de las firmas electrónicas. Su proceso de creación implica procedimientos de verificación de identidad rigurosos y el uso de certificados digitales emitidos por entidades certificadoras acreditadas. Aunque su uso puede ser menos intuitivo que las firmas electrónicas menos seguras, debido a la necesidad de obtener y gestionar certificados digitales cualificados, su nivel de seguridad es el más alto, garantizando la autenticidad e integridad del firmante y el documento. Legalmente, tiene un reconocimiento equivalente a una firma manuscrita tradicional, lo que la hace ampliamente aceptada y preferida en transacciones legales y comerciales de alta importancia.

4. Dispositivos externos de firma electrónica

La firma electrónica a menudo implica el uso de dispositivos externos o software especializado que facilita la creación y verificación de firmas digitales. Estos dispositivos o aplicaciones pueden variar desde simples programas de software hasta dispositivos de hardware dedicados. Por ejemplo, el software como eCoFirma permite a los usuarios firmar documentos electrónicamente utilizando certificados digitales. Por otro lado, el certificado electrónico, que puede almacenarse en dispositivos físicos como tarjetas inteligentes o tokens USB, es esencial para verificar la identidad del firmante y garantizar la seguridad de la firma. Estos elementos juegan un papel crucial en la efectividad y la seguridad del proceso de firma electrónica.

4.1. Ejemplo software: eCoFirma

eCoFirma es una aplicación de escritorio desarrollada para facilitar la firma y validación electrónica de documentos en formato XAdES. Aunque esta aplicación se encuentra disponible para su descarga, cabe destacar que no se ofrece soporte informático para la misma. Para realizar tareas de firma electrónica, actualmente se recomienda utilizar AutoFirma, una aplicación más actualizada y con soporte continuo. eCoFirma representa una de las varias herramientas disponibles que facilitan la implementación de la firma electrónica en diversos procesos y transacciones digitales. Para más información, puedes visitar la página de eCoFirma en el Ministerio de Industria y Turismo de España.

AutoFirma es una aplicación avanzada que permite realizar la firma electrónica de documentos de manera sencilla y eficiente. Esta herramienta está diseñada para ser compatible con varios formatos de documentos y certificados digitales. Su principal función es facilitar a los usuarios la firma y validación de documentos electrónicos, contribuyendo a agilizar procesos administrativos y de negocio que requieren de firmas digitales. AutoFirma es ampliamente utilizada por su compatibilidad y facilidad de uso, convirtiéndola en una opción popular para la firma electrónica en diversos ámbitos.

4.2. El certificado electrónico

El certificado electrónico es un documento digital que vincula una clave pública a una persona o entidad, proporcionando una manera de probar su identidad en el ámbito digital. Es emitido por una entidad de certificación acreditada y se utiliza en diversas aplicaciones de seguridad digital, incluyendo la firma electrónica, el cifrado de correo electrónico y la autenticación en servicios en línea. Este certificado es fundamental para garantizar la seguridad y la autenticidad en transacciones y comunicaciones digitales, permitiendo la verificación de la identidad y la integridad de los documentos electrónicos firmados.

Resumen

- La firma electrónica es el equivalente digital de una firma manuscrita, utilizada para autenticar la identidad del firmante y garantizar la integridad de los documentos digitales. En la Unión Europea, el Reglamento eIDAS establece el marco legal para las firmas electrónicas.
- La Ley 6/2020 en España regula aspectos clave de los servicios electrónicos de confianza, como los certificados electrónicos, la firma electrónica para personas físicas, sellos electrónicos para personas jurídicas y responsabilidades de prestadores de servicios.
- La firma electrónica tiene múltiples utilidades, incluyendo autenticación de documentos, seguridad en transacciones, eficiencia en procesos administrativos y legalidad en contratos electrónicos.
- Elementos de la firma electrónica incluyen sistemas criptográficos asimétricos, funciones hash, sellos temporales y confidencialidad de mensajes.
- Existen tres tipos de firmas electrónicas: simple, avanzada y reconocida/cualificada, cada una con diferentes niveles de seguridad y validez legal.
- Dispositivos externos de firma electrónica incluyen software como eCoFirma y AutoFirma, así como certificados electrónicos emitidos por entidades de certificación acreditadas. Estos elementos son esenciales para garantizar la autenticidad y seguridad en la firma electrónica.

ICB
EDITORES

UNIDAD

2.3. Implantación de la Firma Electrónica

Contenido de la Unidad

ICB
EDITORES

1. Requisitos básicos

La firma electrónica constituye una herramienta indispensable en el mundo digital actual, facilitando la realización de transacciones y la firma de documentos de manera segura y eficiente. Al abordar la implantación de la firma electrónica, es crucial comprender los requisitos básicos que garantizan su validez y eficacia.

En este contexto, los formatos de firma desempeñan un papel fundamental, ya que definen la estructura y los estándares que se deben seguir para asegurar la autenticidad, integridad y no repudio de los documentos electrónicos.

Los requisitos básicos para la implantación efectiva de la firma electrónica incluyen aspectos técnicos, legales y de procedimiento que aseguran la funcionalidad, seguridad y reconocimiento legal de las firmas electrónicas.

- Seguridad y autenticación

Una parte esencial de los requisitos básicos es la seguridad y la autenticación del firmante. Esto implica el uso de tecnologías de criptografía, como claves públicas y privadas, para crear una firma única e irrefutable. La clave privada, que se mantiene en secreto por el firmante, se utiliza para generar la firma. La clave pública, por otro lado, es accesible a todos y se utiliza para verificar la firma. Este sistema asegura que la firma sea tanto auténtica (realmente creada por el firmante declarado) como no repudiable (el firmante no puede negar la validez de su firma).

- Integridad de los datos

Otro requisito básico es la integridad de los datos firmados. Esto significa que cualquier cambio en el documento después de haber sido firmado debe ser detectable. Los formatos de firma avanzados, como los mencionados anteriormente, incluyen mecanismos para sellar los datos, de manera que cualquier alteración del documento pueda ser fácilmente identificada, garantizando así que el documento que se está viendo es exactamente el mismo que fue firmado originalmente.

- Reconocimiento legal

Es fundamental que las firmas electrónicas tengan reconocimiento legal en la jurisdicción en la que se utilizan. Esto implica que las firmas electrónicas deben ser creadas utilizando tecnologías y procedimientos que cumplan con las leyes y regulaciones locales o internacionales relevantes, como el Reglamento eIDAS en la Unión Europea. El reconocimiento legal asegura que los documentos firmados electrónicamente sean admitidos en procedimientos judiciales de la misma manera que los documentos firmados manualmente.

- Accesibilidad y usabilidad

La accesibilidad y la usabilidad también son requisitos clave. Las soluciones de firma electrónica deben ser fácilmente accesibles para los usuarios y no requerir conocimientos técnicos especializados para su uso. Esto incluye la facilidad para obtener y renovar certificados digitales, así como la simplicidad en el proceso de firma de documentos.

Conclusión

En resumen, los requisitos básicos para la implantación de la firma electrónica abarcan no solo los aspectos técnicos de los formatos de firma, sino también la seguridad, la autenticidad, la integridad de los datos, el reconocimiento legal y la usabilidad. Estos fundamentos aseguran que la firma electrónica sea una herramienta confiable y eficaz para la autenticación de documentos en el entorno digital. En la próxima sección, exploraremos los costes y plazos asociados con la adopción de firmas electrónicas, proporcionando una visión integral para las organizaciones que buscan implementar esta tecnología.

1.1. Formatos de firma

En el contexto de la implantación de la firma electrónica, es crucial comprender en profundidad los distintos formatos de firma disponibles, ya que estos constituyen la base sobre la cual se construye la seguridad y la validez legal de los documentos electrónicos firmados. Cada formato tiene características y aplicaciones específicas, diseñadas para satisfacer diversas necesidades y requisitos de seguridad.

1.1.1. **Formatos de firma electrónica**

Los formatos de firma electrónica se pueden clasificar en varias categorías, dependiendo de su nivel de complejidad, seguridad y el entorno legal en el que son reconocidos. Algunos de los formatos más comunes incluyen:

1. Firma Electrónica Simple

Descripción: Este es el nivel más básico de firma electrónica. Puede consistir simplemente en una imagen de la firma manuscrita del individuo añadida a un documento, o en un nombre tipeado al final de un correo electrónico. Aunque es de fácil implementación, su nivel de seguridad es bajo, ya que no proporciona medios robustos para verificar la identidad del firmante ni para asegurar la integridad del documento después de firmado.

Aplicaciones: Adecuado para documentos internos o de baja importancia donde el riesgo asociado con la suplantación de identidad o la alteración del contenido es mínimo.

2. Firma Electrónica Avanzada (FEA)

Descripción: Proporciona una mayor seguridad que la firma electrónica simple. La FEA está vinculada únicamente al firmante, creada de manera que el firmante puede mantener bajo su control los datos de firma, y está vinculada al documento de tal manera que cualquier cambio posterior en el documento es detectable.

Aplicaciones: Utilizada en transacciones que requieren un alto nivel de seguridad y autenticidad, como contratos legales, acuerdos financieros y documentos oficiales.

3. Firma Electrónica Cualificada (FEC)

Descripción: Es el tipo de firma electrónica con el mayor nivel de seguridad y el único que tiene el mismo valor legal que una firma manuscrita en muchos sistemas jurídicos. Requiere el uso de un dispositivo seguro de creación de firma (como un token USB o una smart card) y debe ser emitida por un proveedor de servicios de confianza certificado.

Aplicaciones: Ideal para procesos que requieren la máxima seguridad y donde es crucial el reconocimiento legal de las firmas, como en el caso de documentos notariales, registros gubernamentales y procedimientos judiciales.

1.1.2. Consideraciones para la elección del formato

La elección del formato de firma electrónica adecuado depende de varios factores, incluyendo:

- ⇨ Requisitos legales: Es fundamental considerar las leyes y regulaciones aplicables en la jurisdicción donde se utilizará la firma electrónica.
- ⇨ Nivel de riesgo: Dependiendo de la naturaleza y la importancia del documento o transacción, el nivel de seguridad requerido puede variar.
- ⇨ Costo: Los costos asociados con la implementación y mantenimiento de soluciones de firma electrónica pueden variar significativamente entre los diferentes formatos.
- ⇨ Facilidad de uso: La solución elegida debe ser accesible y fácil de usar para los firmantes, sin requerir conocimientos técnicos especializados.

1.2. Formatos de firma avanzados

Los formatos de firma avanzados elevan la seguridad y la fiabilidad de las transacciones y documentos electrónicos a un nivel superior. Estos formatos están diseñados para cumplir con requisitos rigurosos, proporcionando características adicionales que garantizan la autenticidad del firmante y la integridad del documento a lo largo del tiempo. Su implementación es esencial en entornos donde la seguridad y el cumplimiento legal son críticos.

1.2.1. Características Clave de los Formatos de Firma Avanzados

- ♦ Autenticidad Mejorada

Los formatos de firma avanzados aseguran una vinculación única entre la firma y el firmante, utilizando tecnologías de criptografía avanzada. Esto incluye el uso de certificados digitales cualificados emitidos por Autoridades de Certificación reconocidas, que verifican la identidad del firmante.

♦ Integridad del Documento

Estos formatos garantizan que cualquier modificación del documento después de firmado sea detectable. Utilizan sellos de tiempo y algoritmos criptográficos para sellar el documento, asegurando que la integridad del documento se mantenga a lo largo del tiempo.

♦ No Repudio

La firma avanzada proporciona un fuerte mecanismo de no repudio, lo que significa que el firmante no puede negar la validez de su firma en el documento. Esto es crucial en transacciones legales y financieras donde la responsabilidad y la atribución son importantes.

♦ Validación a Largo Plazo

Los formatos avanzados permiten la validación de la firma incluso años después de su creación, incorporando o permitiendo el acceso a información sobre el estado de validez del certificado digital en el momento de la firma, como listas de certificados revocados y sellos de tiempo.

1.2.2. Ejemplos de Formatos de Firma Avanzados

1. PAdES (PDF Advanced Electronic Signatures)

Descripción: PAdES es un estándar diseñado específicamente para documentos PDF, extendiendo el formato PDF para soportar firmas electrónicas avanzadas. Este estándar es reconocido por el Reglamento eIDAS de la Unión Europea y es adecuado para asegurar la validez a largo plazo de los documentos firmados.

Características: Incluye la capacidad de incrustar en el documento la firma, la información de la certificación, y los sellos de tiempo, garantizando la integridad y autenticidad del documento a lo largo del tiempo.

2. XAdES (XML Advanced Electronic Signatures)

Descripción: XAdES es un estándar que extiende el XMLDSig (XML Signature Syntax and Processing) para admitir firmas electrónicas avanzadas en documentos XML. Este formato es adecuado para aplicaciones que requieren el procesamiento y almacenamiento estructurado de datos.

Características: Permite la inclusión de datos adicionales en la firma, como sellos de tiempo y referencias de validación, lo que facilita la verificación de la firma mucho tiempo después de su creación.

3. CAdES (CMS Advanced Electronic Signatures)

Descripción: CAdES es un estándar basado en el CMS (Cryptographic Message Syntax) y es adecuado para cualquier tipo de datos electrónicos. CAdES es ampliamente utilizado para firmas electrónicas que requieren una robusta estructura de validación a largo plazo.

Características: Soporta la inclusión de información de validación como sellos de tiempo y datos de revocación de certificados, lo que permite verificar la validez de la firma incluso después de la expiración o revocación del certificado del firmante.

4. ASiC (Associated Signature Containers)

Descripción: ASiC es un estándar que encapsula documentos firmados electrónicamente junto con sus firmas en un único archivo contenedor. Este formato es útil para agrupar múltiples documentos y sus firmas correspondientes, facilitando su gestión y archivado.

Características: Ofrece dos variantes, ASiC-S y ASiC-E, que se diferencian en la forma en que los documentos y las firmas son encapsulados y en el nivel de seguridad ofrecido.

♦ Consideraciones para la Implementación

Al elegir un formato de firma electrónica, las organizaciones deben considerar los siguientes aspectos:

⇨ Compatibilidad: El formato debe ser compatible con los sistemas y procesos existentes, tanto internamente como con las partes externas involucradas.

⇨ Requerimientos legales: Es fundamental asegurar que el formato elegido cumpla con las regulaciones y leyes aplicables en las jurisdicciones relevantes.

- ⇨ Seguridad y confiabilidad: El formato debe ofrecer un nivel adecuado de seguridad y confiabilidad, protegiendo contra alteraciones no autorizadas y garantizando la autenticidad del firmante.
- ⇨ Facilidad de uso y accesibilidad: La solución de firma electrónica debe ser fácil de usar para todos los usuarios, minimizando la necesidad de formación y soporte técnico.

2. Costes y plazos

La implementación de la firma electrónica en una organización implica considerar detenidamente los costes y plazos asociados. Estos factores dependen de varios aspectos, como el tipo de tecnología de firma electrónica elegida, la infraestructura necesaria para su implementación y mantenimiento, y los servicios adicionales requeridos para garantizar su funcionamiento óptimo y su conformidad con las regulaciones aplicables.

2.1. ECoFirma

ECoFirma es una solución de firma electrónica que permite a los usuarios firmar documentos digitalmente de manera segura y conforme a las normativas. Al evaluar los costes de implementación de ECoFirma, es esencial considerar:

- ⇨ Licencias de Software: Dependiendo de la solución específica de ECoFirma y el proveedor, puede haber costes asociados con la adquisición de licencias de software. Estos costes pueden variar significativamente y suelen estar basados en el número de usuarios o el volumen de transacciones.
- ⇨ Hardware Específico: Algunas implementaciones de ECoFirma pueden requerir hardware especializado, como tokens USB para almacenar claves privadas de manera segura o lectores de tarjetas inteligentes.
- ⇨ Formación y Soporte: La capacitación de los usuarios finales y el personal de IT es crucial para asegurar una implementación exitosa. Además, el soporte técnico continuo puede incurrir en costes adicionales.

⇨ Mantenimiento y Actualizaciones: Los costes de mantenimiento y actualizaciones periódicas del software y el hardware asociados deben ser contemplados para asegurar la funcionalidad continua y la seguridad del sistema de firma electrónica.

En cuanto a los plazos, la implementación de ECoFirma puede variar desde unas pocas semanas hasta varios meses, dependiendo de la complejidad de la infraestructura existente y el grado de personalización requerido.

2.2. Certificado de usuario e Instalación de certificado de raíz de la entidad de certificación

La adquisición e instalación de certificados digitales son pasos esenciales en el proceso de habilitación de la firma electrónica:

⇨ Costes de Certificados de Usuario: Los certificados digitales para usuarios individuales, emitidos por una Autoridad de Certificación (CA), pueden tener costes variados. Estos costes se basan en la validez del certificado, el nivel de verificación de identidad requerido y los servicios adicionales como la recuperación de claves o la revocación de certificados.

⇨ Instalación de Certificado de Raíz: Las entidades de certificación proporcionan certificados de raíz que deben ser instalados en la infraestructura de la organización para validar la cadena de confianza. Este proceso puede involucrar costes mínimos, pero es crucial para el funcionamiento del sistema de firma electrónica.

2.3. Soluciones de escritorio para firma simple de documentos para pymes

Para las pequeñas y medianas empresas (PYMES), existen soluciones de firma electrónica adaptadas a sus necesidades y presupuestos:

♦ Costes de Soluciones de Escritorio: Estas soluciones suelen ser más asequibles y están diseñadas para ser fáciles de implementar y usar. Los costes pueden incluir licencias de software de una sola vez o suscripciones basadas en el uso.

- Implementación y Mantenimiento: Los plazos de implementación para estas soluciones son generalmente cortos, y el mantenimiento es relativamente simple, a menudo gestionado a través de actualizaciones automáticas del software.

Al considerar la adopción de soluciones de firma electrónica, es esencial realizar un análisis detallado de los costes iniciales y recurrentes, así como de los plazos de implementación, para asegurar una transición fluida y eficiente hacia procesos digitales seguros y conformes.

3. Procesos

La implementación de la firma electrónica dentro de los procesos organizacionales, especialmente en entidades financieras como el Banco de España, requiere un enfoque detallado y estructurado. Esta implementación implica varios pasos críticos para asegurar la integración exitosa de la firma electrónica en los sistemas existentes, garantizando al mismo tiempo la seguridad, la conformidad legal y la eficiencia operativa.

La adopción de la firma electrónica en instituciones como el Banco de España implica la revisión y adaptación de los procesos internos para incorporar esta tecnología. Este proceso se puede dividir en varias fases clave:

- Análisis y Planificación
    - Evaluación de Requerimientos: Identificar las necesidades específicas de la entidad en términos de firma electrónica, incluyendo los tipos de documentos que se firmarán electrónicamente y los requisitos legales aplicables.
    - Análisis de Riesgos: Evaluar los riesgos asociados con la implementación de la firma electrónica, incluyendo la seguridad de la información y el cumplimiento normativo.
- Desarrollo de Políticas y Procedimientos
    - Políticas de Firma Electrónica: Establecer políticas claras para el uso de firmas electrónicas, incluyendo tipos de firmas aceptadas, procedimientos de verificación y gestión de certificados digitales.

  - ⇨ Procedimientos Operativos: Desarrollar procedimientos detallados para la creación, verificación y almacenamiento de firmas electrónicas, asegurando la integridad y confidencialidad de los documentos firmados.

- ♦ Implementación Técnica

  - ⇨ Integración de Sistemas: Integrar soluciones de firma electrónica con los sistemas informáticos existentes, como sistemas de gestión documental y plataformas de tramitación electrónica.

  - ⇨ Formación y Capacitación: Proporcionar formación a los empleados y usuarios sobre el uso de la firma electrónica, incluyendo la creación de firmas, la verificación de firmas y la gestión de certificados.

- ♦ Pruebas y Validación

  - ⇨ Pruebas de Integración: Realizar pruebas exhaustivas para asegurar que la solución de firma electrónica funciona correctamente dentro del entorno tecnológico existente.

  - ⇨ Validación de Cumplimiento: Verificar que la implementación de la firma electrónica cumpla con todos los requisitos legales y normativos aplicables, incluyendo aquellos específicos del sector financiero.

- ♦ Despliegue y Monitoreo

  - ⇨ Implementación Gradual: Desplegar la solución de firma electrónica de manera gradual, comenzando con áreas piloto, para minimizar los riesgos y facilitar la adaptación de los usuarios.

  - ⇨ Monitoreo Continuo: Establecer mecanismos de monitoreo y revisión continua para asegurar el funcionamiento adecuado de la firma electrónica y adaptarse a los cambios en los requisitos legales y tecnológicos.

3.1. Banco de España

En el caso específico del Banco de España, la adopción de procesos de firma electrónica se alinea con su papel regulador y su compromiso con la innovación y la seguridad en el sector financiero.

La implementación de la firma electrónica en el Banco de España no solo mejora la eficiencia de sus procesos internos, sino que también establece un modelo para otras instituciones financieras en términos de adopción de tecnologías digitales seguras y conformes.

Al seguir estos pasos y consideraciones, el Banco de España y similares pueden asegurar una transición exitosa hacia la adopción de la firma electrónica, mejorando la seguridad, la eficiencia y la conformidad de sus procesos operativos y transaccionales.

Resumen

- La implementación de la firma electrónica es esencial en el entorno digital actual, ya que facilita transacciones seguras y eficientes. Para su implantación efectiva, se deben considerar requisitos técnicos, legales y de procedimiento, enfocándose en la seguridad y autenticación del firmante mediante tecnologías de criptografía, la integridad de los datos para detectar cambios post-firma, y el reconocimiento legal acorde a las regulaciones pertinentes. Además, la accesibilidad y usabilidad son cruciales para una adopción generalizada.

- Los formatos de firma electrónica varían en seguridad y aplicación, desde firmas electrónicas simples hasta firmas electrónicas cualificadas, que ofrecen la máxima seguridad y valor legal. La elección del formato adecuado depende de factores como requisitos legales, nivel de riesgo, costos y facilidad de uso.

- Los costos y plazos de implementación varían según la tecnología y la infraestructura necesarias. ECoFirma es un ejemplo de solución de firma electrónica cuyos costos incluyen licencias de software, hardware específico, formación y soporte, y mantenimiento. La adquisición e instalación de certificados digitales también incurren en costos.

- Para entidades como el Banco de España, la adopción de la firma electrónica requiere un análisis detallado, el desarrollo de políticas y procedimientos, la integración técnica, pruebas y validación, y un despliegue y monitoreo cuidadosos. Este proceso asegura la integración exitosa de la firma electrónica, mejorando la seguridad, eficiencia y conformidad de los procesos internos y transaccionales.

UNIDAD

2.4. Certificado Electrónico

Contenido de la Unidad

- El certificado electrónico
- Entidades emisoras de certificados
- Tipos de certificado electrónico
- Clases de certificados electrónicos
- Procedimiento de obtención de un certificado electrónico de persona física
- La confidencialidad del certificado electrónico
- Extinción de la vigencia de los certificados electrónico
- Certificados reconocidos
- Resumen

ICB
EDITORES

1. EL CERTIFICADO ELECTRÓNICO

El certificado electrónico es una herramienta tecnológica fundamental en el ámbito de la seguridad digital, actuando como un pasaporte electrónico que permite a individuos, empresas y entidades gubernamentales interactuar de manera segura en el entorno digital.

Esta tecnología se basa en la criptografía de clave pública, un método que utiliza un par de claves matemáticamente relacionadas -una pública y otra privada- para cifrar y descifrar información, asegurando así la autenticidad, integridad y confidencialidad de las comunicaciones y transacciones electrónicas.

El certificado electrónico es un componente esencial en el ámbito de la seguridad digital, cuya función principal es facilitar la identificación segura de personas, empresas o dispositivos en el entorno digital. Actúa como una credencial digital que vincula datos de identificación con una pareja de claves criptográficas, una pública y otra privada, a través de la firma de una Autoridad de Certificación (CA) de confianza. Este mecanismo no solo asegura la autenticidad e integridad de las transacciones electrónicas, sino que también garantiza la confidencialidad y el no repudio en las comunicaciones digitales.

- **Funciones Principales del Certificado Electrónico**

⇨ Autenticación

El certificado electrónico permite a los usuarios autenticarse ante otros sistemas o usuarios en la red, demostrando su identidad de manera digital. Esto es crucial para acceder a servicios en línea que requieren una identificación segura, como la banca electrónica, servicios gubernamentales y plataformas corporativas.

⇨ Firma Digital

Una de las aplicaciones más importantes del certificado electrónico es la firma digital de documentos. Al firmar un documento digitalmente, el firmante garantiza no solo su identidad sino también la integridad del documento, ya que cualquier modificación posterior a la firma será detectable.

⇨ Cifrado

La clave pública contenida en el certificado electrónico puede ser utilizada por cualquier persona para cifrar información que únicamente puede ser descifrada por el poseedor de la clave privada correspondiente. Esto asegura la confidencialidad de la información enviada electrónicamente, como correos electrónicos y documentos.

♦ **Tipos de Certificados Electrónicos**

Existen diversos tipos de certificados electrónicos diseñados para satisfacer diferentes necesidades y niveles de seguridad, incluyendo:

⇨ Certificados de Persona Física: Vinculan la identidad digital del certificado con una persona individual, permitiendo la firma electrónica de documentos y la autenticación segura en servicios en línea.

⇨ Certificados de Empresa o Entidad: Asocian la identidad digital a una empresa o entidad, facilitando la realización de transacciones y comunicaciones electrónicas en nombre de la organización.

⇨ Certificados de Sitio Web: Utilizados principalmente para establecer conexiones seguras a través de HTTPS, asegurando la autenticidad del sitio web y cifrando la comunicación entre el usuario y el sitio.

♦ **Emisión y Gestión de Certificados Electrónicos**

Las entidades encargadas de emitir y gestionar certificados electrónicos son los Prestadores de Servicios de Certificación, que deben operar bajo estrictas normativas para garantizar la confiabilidad y seguridad de los certificados emitidos. Estos prestadores realizan verificaciones rigurosas de la identidad de los solicitantes antes de emitir un certificado, asegurando así la fiabilidad de la vinculación entre la identidad del titular y su par de claves criptográficas.

♦ **Importancia del Certificado Electrónico**

En la era digital, el certificado electrónico se ha convertido en una herramienta indispensable para garantizar transacciones electrónicas seguras y fiables, proporcionando una base sólida para la confianza digital.

Su aplicación abarca desde la firma electrónica de documentos y el cifrado de comunicaciones hasta la autenticación segura en una amplia gama de servicios en línea, haciendo posible la realización de numerosas actividades cotidianas de manera digital y segura.

1.1. Qué es la clave pública y la clave privada

En el corazón de la tecnología de certificados electrónicos se encuentra el concepto de criptografía de clave pública, también conocida como criptografía asimétrica. Este método se basa en el uso de dos claves matemáticamente relacionadas, conocidas como la clave pública y la clave privada, que juntas facilitan funciones criptográficas como el cifrado, la descifrado y la firma digital de una manera segura y confiable.

- **Clave Pública**
  - Definición: La clave pública es una clave criptográfica que puede ser compartida libremente con cualquier persona. No es secreta y se utiliza para cifrar información o verificar una firma digital.
  - Función: Cualquier persona con acceso a la clave pública de alguien puede cifrar un mensaje que solo el propietario de la clave privada correspondiente puede descifrar. En el contexto de las firmas digitales, la clave pública se utiliza para verificar que una firma digital haya sido creada por la clave privada asociada, asegurando así la autenticidad de la firma.
- **Clave Privada**
  - Definición: La clave privada se mantiene en secreto y es conocida únicamente por el propietario. Esta clave se utiliza para descifrar información que ha sido cifrada con la clave pública correspondiente o para crear una firma digital.
  - Función: La clave privada permite al propietario descifrar mensajes cifrados dirigidos a ellos o firmar digitalmente documentos, asegurando la confidencialidad y la integridad de la información, así como la autenticación del firmante.

♦ **Relación entre Clave Pública y Clave Privada**

La relación entre la clave pública y la clave privada es lo que permite la seguridad en la criptografía asimétrica. Aunque las claves están matemáticamente relacionadas, no es prácticamente factible deducir la clave privada a partir de la clave pública. Esta relación asegura que:

⇨ Confidencialidad: Solo el destinatario correcto, que posee la clave privada, puede descifrar el mensaje cifrado con su clave pública.

⇨ Integridad y Autenticidad: La firma digital creada con una clave privada puede ser verificada por cualquier persona que tenga acceso a la clave pública del firmante, asegurando que el mensaje no ha sido alterado y confirmando la identidad del firmante.

1.2. Importancia en los Certificados Electrónicos

En el contexto de los certificados electrónicos, la clave pública del titular se incluye dentro del certificado, mientras que la clave privada se mantiene en secreto y protegida. La Autoridad de Certificación (CA) que emite el certificado garantiza la vinculación entre la clave pública y la identidad del titular.

Esta estructura permite una amplia gama de usos seguros, desde la firma electrónica de documentos hasta el cifrado de comunicaciones electrónicas, asegurando la autenticidad, la integridad y la confidencialidad de las transacciones digitales.

2. Entidades emisoras de certificados

Las entidades emisoras de certificados, comúnmente conocidas como Autoridades de Certificación (CA, por sus siglas en inglés "Certificate Authorities"), son pilares fundamentales en el ecosistema de la seguridad digital.

Su rol principal es emitir certificados electrónicos, que son documentos digitales utilizados para verificar la identidad de los titulares de certificados y para gestionar claves públicas y privadas en la criptografía de clave pública.

- **Funciones Principales**

  - Verificación de Identidad: Antes de emitir un certificado electrónico, la CA realiza un proceso de verificación para confirmar la identidad del solicitante. Este proceso asegura que la información contenida en el certificado sea precisa y confiable.

  - Emisión de Certificados: Una vez verificada la identidad, la CA emite un certificado electrónico que vincula la clave pública del solicitante con su identidad, garantizando que cualquier persona o entidad que interactúe con el titular del certificado pueda confiar en su autenticidad.

  - Gestión de Revocaciones: Las CAs también mantienen listas de certificados revocados, conocidas como CRLs (Listas de Revocación de Certificados), o utilizan el protocolo OCSP (Online Certificate Status Protocol) para proporcionar información en tiempo real sobre la validez de los certificados.

- **Importancia de las Autoridades de Certificación**

Las CAs son esenciales para la confianza en el entorno digital, ya que garantizan que los individuos, las empresas y los dispositivos son realmente quienes dicen ser. Esto es crucial para una variedad de aplicaciones en línea, desde transacciones financieras seguras hasta la firma electrónica de documentos legales.

- **Tipos de Autoridades de Certificación**

  - CAs Comerciales: Son entidades privadas que ofrecen servicios de certificación electrónica a empresas y particulares, a menudo proporcionando una amplia gama de soluciones de seguridad digital.

  - CAs Gubernamentales: Algunos gobiernos operan sus propias CAs para emitir certificados para uso en servicios gubernamentales, como la presentación de impuestos en línea y otros trámites administrativos.

  - CAs Corporativas: Las grandes organizaciones a menudo operan sus propias CAs internas para gestionar la autenticación y la seguridad dentro de sus redes corporativas.

2.1. Concepto de prestador de servicios de certificación

Un prestador de servicios de certificación, o proveedor de servicios de certificación, es una entidad que, además de emitir certificados electrónicos, puede ofrecer una gama de servicios relacionados con la seguridad digital, incluyendo:

- ⇨ Generación de Claves: Algunos prestadores ofrecen servicios para generar el par de claves (pública y privada) que se utilizará con el certificado electrónico.
- ⇨ Almacenamiento Seguro: Proporcionan soluciones para el almacenamiento seguro de claves privadas, como módulos de seguridad hardware (HSM) o servicios de almacenamiento en la nube cifrados.
- ⇨ Servicios de Validación: Ofrecen servicios para validar la firma digital y la autenticidad de los certificados en tiempo real, utilizando protocolos como OCSP.
- ⇨ Consultoría y Formación: Asesoran a las organizaciones sobre la mejor manera de implementar y utilizar certificados electrónicos y la infraestructura de clave pública (PKI) para sus necesidades específicas.

En conclusión, las entidades emisoras de certificados y los prestadores de servicios de certificación juegan un papel crucial en la infraestructura de la seguridad digital, facilitando transacciones seguras y confiables en el vasto entorno digital de hoy en día.

2.2. Prestadores de servicios de certificación de España

En España, los prestadores de servicios de certificación juegan un papel vital en el ecosistema digital, proporcionando la infraestructura necesaria para la emisión y gestión de certificados electrónicos.

Estas entidades están autorizadas y reguladas para garantizar la seguridad y la confianza en las transacciones electrónicas, cumpliendo con las normativas nacionales y europeas, como el Reglamento eIDAS.

- **Entidades Destacadas**

  - Fábrica Nacional de Moneda y Timbre (FNMT): La FNMT es una de las entidades más reconocidas en España por emitir certificados electrónicos para ciudadanos, empresas y entidades públicas. Sus certificados son ampliamente utilizados para diversas aplicaciones gubernamentales, incluyendo la declaración de impuestos y la gestión de trámites administrativos.

  - Agencia Notarial de Certificación (ANCERT): ANCERT es el prestador de servicios de certificación para los notarios de España, proporcionando certificados digitales que permiten la autenticación segura y la firma de documentos notariales electrónicos.

  - Cámaras de Comercio: A través de la red de cámaras de comercio, las empresas en España pueden obtener certificados electrónicos que facilitan la realización de trámites electrónicos con la administración y entre empresas.

- **Cumplimiento Normativo**

Los prestadores de servicios de certificación en España deben cumplir con el marco legal establecido por el Reglamento eIDAS de la Unión Europea, que establece los estándares y requisitos para los servicios de confianza, incluidos los certificados electrónicos. Además, deben adherirse a las normativas nacionales que regulan aspectos específicos de la certificación electrónica y la protección de datos personales.

- **Servicios Ofrecidos**

Además de la emisión de certificados electrónicos, estos prestadores ofrecen una variedad de servicios relacionados, tales como:

  - Renovación y Revocación de Certificados: Facilitan la gestión del ciclo de vida de los certificados, permitiendo su renovación y proporcionando mecanismos para la revocación en caso de compromiso o finalización del uso.

  - Validación de Firma: Ofrecen servicios para validar la autenticidad y la integridad de las firmas digitales, asegurando la validez legal de los documentos electrónicos firmados.

- ⇨ Soporte y Asesoramiento: Proporcionan asistencia técnica y asesoramiento sobre la mejor manera de integrar y utilizar los certificados electrónicos en los procesos empresariales y administrativos.

- ♦ **Importancia Estratégica**

Los prestadores de servicios de certificación son fundamentales para la transformación digital de España, facilitando la implementación de la administración electrónica, el comercio electrónico y la digitalización de los procesos empresariales. Al garantizar la seguridad y la confianza en las transacciones electrónicas, estos prestadores desempeñan un papel crucial en el avance hacia una sociedad digital más integrada y eficiente.

3. TIPOS DE CERTIFICADO ELECTRÓNICO

Los certificados electrónicos se clasifican en diferentes tipos según el propósito y el nivel de seguridad que ofrecen. Esta clasificación permite a los usuarios elegir el certificado más adecuado para sus necesidades específicas, ya sea para la autenticación personal, la firma de documentos digitales, la cifra de comunicaciones o la identificación segura de sitios web.

- ♦ **Certificados de Persona Física**

Estos certificados vinculan la identidad digital a una persona individual. Son utilizados para autenticar la identidad del titular en transacciones y servicios en línea, permitiendo la firma digital de documentos con plena validez legal.

Son ideales para ciudadanos y profesionales que requieren realizar trámites electrónicos con administraciones públicas, firmar contratos o documentos legales, y autenticarse de manera segura en diversos servicios en línea.

- ♦ **Certificados de Persona Jurídica**

Asocian la identidad digital a una entidad legal, como una empresa o una organización. Permiten actuar en nombre de la entidad en el entorno digital, facilitando la firma de documentos, la realización de transacciones comerciales y la gestión de trámites administrativos de manera electrónica.

Son esenciales para las empresas que buscan digitalizar sus procesos y necesitan asegurar la autenticidad e integridad de sus comunicaciones y documentos electrónicos.

- **Certificados de Sitio Web (SSL/TLS)**

Estos certificados se utilizan para asegurar la conexión entre el navegador del usuario y el servidor web, proporcionando un canal cifrado para la transmisión de información.

Son fundamentales para garantizar la seguridad en sitios web de comercio electrónico, plataformas bancarias en línea y cualquier otro servicio que requiera la protección de datos sensibles de los usuarios. Ayudan a evitar ataques de intermediarios y garantizan a los usuarios que están conectándose al sitio web auténtico.

- **Certificados de Sello Electrónico**

Los sellos electrónicos son similares a los certificados de persona jurídica pero están destinados a asegurar la procedencia y la integridad de los documentos electrónicos emitidos por entidades. Proporcionan una prueba digital de que un documento ha sido emitido por una entidad específica, lo que es especialmente útil en entornos automatizados donde los documentos se generan y firman electrónicamente sin intervención humana directa.

- **Certificados de Componente**

Estos certificados se utilizan para autenticar y asegurar componentes de hardware o software dentro de un sistema, como servidores, aplicaciones o dispositivos.

Son importantes para establecer la confianza en las comunicaciones entre sistemas y asegurar la integridad de las infraestructuras tecnológicas.

- **Consideraciones para la Elección del Certificado**

Al elegir un certificado electrónico, es importante considerar el nivel de seguridad requerido, el propósito específico para el que se utilizará el certificado y los requisitos legales o reglamentarios aplicables. Los prestadores de servicios de certificación ofrecen asesoramiento y orientación para ayudar a los usuarios y organizaciones a seleccionar el certificado más adecuado para sus necesidades.

4. Clases de certificados electrónicos

Las clases de certificados electrónicos se definen según el nivel de seguridad y el proceso de verificación de la identidad del solicitante que se lleva a cabo antes de su emisión. Estas clases determinan la confiabilidad y los usos aceptados de los certificados en diversas aplicaciones digitales, desde la firma de correos electrónicos hasta transacciones comerciales y legales más complejas.

- **Clase 1**
  - ⇨ Propósito: Generalmente destinados para usos donde los riesgos y las consecuencias de la suplantación de identidad y los datos son mínimos. Se utilizan principalmente para la firma de correo electrónico y otros usos no críticos.
  - ⇨ Verificación: La verificación de la identidad para estos certificados es básica, a menudo limitándose a la comprobación del correo electrónico del solicitante sin una rigurosa verificación de la identidad personal o empresarial.
- **Clase 2**
  - ⇨ Propósito: Adecuados para transacciones que involucran más riesgo que la Clase 1, pero donde aún se consideran moderados. Se utilizan comúnmente para la firma de documentos y autenticación en entornos corporativos y comerciales.
  - ⇨ Verificación: La verificación de la identidad incluye la comprobación de la información personal o empresarial del solicitante, pero no siempre requiere la presencia física del mismo. Puede incluir métodos como la verificación telefónica o la comprobación de documentos a través de medios electrónicos.
- **Clase 3**
  - ⇨ Propósito: Estos certificados se utilizan en entornos donde el fraude o la suplantación de identidad tendrían graves consecuencias. Son comunes en el comercio electrónico, la banca en línea y las transacciones legales.

- ⇨ Verificación: La emisión de un certificado de Clase 3 requiere una rigurosa verificación de la identidad, que a menudo incluye la presencia física del solicitante ante la autoridad de certificación o una entidad de registro. Se pueden requerir documentos de identidad oficiales y, en algunos casos, la verificación de antecedentes empresariales.

♦ **Clase 4**

- ⇨ Propósito: Diseñados para aplicaciones que exigen un alto nivel de seguridad y donde las transacciones tienen un valor muy alto o riesgos elevados, como en entornos gubernamentales o de infraestructuras críticas.
- ⇨ Verificación: La verificación de la identidad es extremadamente rigurosa, con procedimientos detallados que pueden incluir la verificación de la identidad personal y empresarial, la presencia física obligatoria, y en algunos casos, la verificación de antecedentes y la autorización de múltiples partes.

4.1. Importancia de las Clases de Certificados

La elección de la clase de certificado adecuada depende del nivel de riesgo asociado con la transacción electrónica y los requisitos de seguridad específicos del caso de uso. Las clases más altas ofrecen mayor seguridad y confianza, pero también implican procesos de verificación más complejos y costos más elevados. Es crucial evaluar las necesidades específicas de seguridad digital y cumplimiento normativo al seleccionar la clase de certificado electrónico para asegurar la adecuada protección de las transacciones y datos sensibles.

5. Procedimiento de obtención de un certificado electrónico de persona física

Obtener un certificado electrónico de persona física en España es un proceso que permite a los ciudadanos autenticarse y realizar transacciones seguras en el entorno digital, interactuando con servicios públicos y privados. Este proceso generalmente implica varios pasos, desde la solicitud inicial hasta la descarga e instalación del certificado en el dispositivo del usuario.

1. Solicitud del Certificado

   ⇨ Selección del Prestador de Servicios: El primer paso es elegir un prestador de servicios de certificación reconocido, como la Fábrica Nacional de Moneda y Timbre (FNMT), entre otros.

   ⇨ Rellenar la Solicitud: Acceder al sitio web del prestador seleccionado y completar el formulario de solicitud en línea. Se requerirán datos personales básicos y, en algunos casos, información adicional relevante.

2. Acreditación de la Identidad

   ⇨ Cita Presencial: Tras enviar la solicitud, se debe realizar una acreditación de identidad, que generalmente requiere la presencia física del solicitante en una oficina de registro autorizada. Se debe presentar un documento de identidad válido, como el DNI o el pasaporte.

   ⇨ Verificación de Datos: El personal de la oficina de registro verificará la identidad del solicitante y los datos proporcionados en la solicitud.

3. Obtención del Código de Solicitud

   ⇨ Emisión del Código: Una vez verificada la identidad, se emitirá un código de solicitud o un enlace de confirmación al solicitante, generalmente a través de correo electrónico o un comprobante impreso.

4. Descarga del Certificado

   ⇨ Acceso al Enlace de Descarga: Con el código de solicitud o a través de un enlace proporcionado, el solicitante debe acceder al sitio web del prestador de servicios para proceder con la descarga del certificado.

   ⇨ Instalación: Seguir las instrucciones para descargar e instalar el certificado en el navegador web o en el sistema operativo del dispositivo del usuario. Es crucial seguir las recomendaciones de seguridad durante este proceso para asegurar la protección de la clave privada asociada al certificado.

5. Copia de Seguridad

    ⇨ Realizar una Copia de Seguridad: Es altamente recomendable realizar una copia de seguridad del certificado electrónico y almacenarla en un lugar seguro para prevenir la pérdida o el daño del certificado original.

- **Consideraciones Importantes**

    ⇨ Vigencia del Certificado: Es importante tener en cuenta la fecha de expiración del certificado y realizar los trámites necesarios para su renovación antes de que caduque.

    ⇨ Seguridad: Mantener la clave privada del certificado segura y protegida es fundamental para evitar el uso no autorizado del certificado electrónico.

Este proceso garantiza que el certificado electrónico emitido esté vinculado de manera segura y confiable a la identidad del titular, permitiendo su uso en una amplia gama de servicios digitales en España.

5.1. Cómo solicitar un certificado software

La solicitud de un certificado software, un tipo de certificado electrónico almacenado y utilizado a través de software en un dispositivo personal, es un proceso accesible que permite a los usuarios garantizar la seguridad de sus transacciones y comunicaciones digitales. A continuación, se detallan los pasos generales para solicitar este tipo de certificado:

1. Selección del Prestador de Servicios

El primer paso es elegir un Prestador de Servicios de Certificación (PSC) confiable y reconocido. En España, entidades como la Fábrica Nacional de Moneda y Timbre (FNMT) son opciones comunes, aunque existen muchas otras a nivel nacional e internacional.

2. Acceso al Portal del Prestador

Visita el sitio web oficial del prestador seleccionado. Busca la sección dedicada a la solicitud de certificados digitales y elige la opción de certificado software para personas físicas o, según el caso, para entidades o profesionales.

3. Rellenar el Formulario de Solicitud

Completa el formulario de solicitud en línea proporcionado por el PSC. Este formulario suele requerir datos personales básicos, como el nombre, los apellidos, el DNI (Documento Nacional de Identidad) y una dirección de correo electrónico de contacto.

4. Verificación de Correo Electrónico

Muchos PSC enviarán un correo electrónico de verificación a la dirección proporcionada. Es necesario acceder a este correo y seguir las instrucciones o el enlace de confirmación para verificar la dirección de correo electrónico y continuar con el proceso.

5. Generación del Código de Solicitud

Durante el proceso de solicitud, se generará un código de solicitud único o un número de referencia. Es crucial guardar este código, ya que será necesario para descargar el certificado una vez completada la acreditación de identidad.

6. Acreditación de Identidad

Dependiendo del prestador y del nivel de seguridad del certificado, puede ser necesario acreditar la identidad de manera presencial en una oficina de registro autorizada o mediante otros métodos alternativos ofrecidos por el PSC, como la identificación en línea a través de sistemas seguros.

7. Descarga e Instalación

Una vez completada la acreditación de identidad y recibido el aviso correspondiente del PSC, accede nuevamente al portal del prestador utilizando el código de solicitud para descargar el certificado.

Sigue las instrucciones proporcionadas para instalar el certificado en el software correspondiente, como un navegador web o un gestor de certificados en el sistema operativo.

5.2. Cómo descargarlo e instalarlo en el equipo

Una vez solicitado un certificado software y completado el proceso de verificación de identidad, el siguiente paso es descargar e instalar el certificado en tu equipo. Este proceso asegura que el certificado esté correctamente integrado en tu sistema o navegador para su uso en autenticación, firma digital y cifrado de comunicaciones.

Aquí te explicamos cómo realizarlo:

1. Descarga del Certificado

   ⇨ Acceso al Portal del Prestador: Dirígete al sitio web del Prestador de Servicios de Certificación (PSC) desde donde solicitaste el certificado.

   ⇨ Identificación: Usa el código de solicitud o el enlace proporcionado por el PSC tras la verificación de tu identidad para acceder a la sección de descarga del certificado.

   ⇨ Descarga: Sigue las instrucciones específicas del sitio para iniciar la descarga del certificado. Es posible que se te solicite ingresar el código de solicitud y otros datos de confirmación.

2. Instalación del Certificado

   ⇨ Ubicación de Descarga: Guarda el archivo del certificado en una ubicación accesible en tu equipo. El archivo puede tener extensiones como .p12 o .pfx, que incluyen tanto la clave pública como la privada.

   ⇨ Instalación en el Sistema Operativo:

   - Windows: Haz doble clic en el archivo del certificado. El Asistente para la importación de certificados se abrirá para guiarte a través del proceso. Selecciona "Almacenamiento de certificados personales" cuando se te solicite elegir el almacén de certificados.

   - macOS: Haz doble clic en el archivo del certificado para abrir el Acceso a Llaveros. Selecciona el llavero en el que deseas instalar el certificado (generalmente, el llavero de inicio de sesión) y sigue las instrucciones para completar la instalación.

3. Instalación en Navegadores:

La mayoría de los navegadores utilizan el almacenamiento de certificados del sistema operativo, pero algunos, como Firefox, tienen su propio repositorio. En estos casos, debes acceder a las opciones de seguridad o privacidad del navegador para importar el certificado desde el archivo descargado.

4. Verificación de la Instalación

⇨ Verifica la Instalación: Una vez instalado el certificado, puedes verificar su correcta instalación accediendo a la sección de certificados del navegador o del gestor de certificados del sistema operativo. Deberías poder ver tu certificado listado entre los certificados personales.

⇨ Prueba el Certificado: Intenta acceder a un servicio en línea que requiera el uso del certificado, como una plataforma de administración electrónica, para asegurarte de que el certificado funciona correctamente y es reconocido por el servicio.

5. Consideraciones de Seguridad

⇨ Protección de la Clave Privada: Durante el proceso de instalación, asegúrate de proteger la clave privada asociada con tu certificado. Algunos sistemas te solicitarán establecer una contraseña para el archivo del certificado, que deberás recordar para su uso futuro.

⇨ Copia de Seguridad: Es recomendable realizar una copia de seguridad del certificado electrónico y almacenarla en un lugar seguro para evitar la pérdida del acceso a tus servicios digitales en caso de problemas con tu equipo.

Al seguir estos pasos, podrás asegurar la correcta descarga e instalación de tu certificado electrónico, permitiéndote realizar transacciones seguras y autenticarte en diversos servicios en línea.

5.3. Ciclo de vida de un certificado

El ciclo de vida de un certificado electrónico comprende varias etapas, desde su creación hasta su expiración o revocación. Entender este ciclo es crucial para gestionar adecuadamente los certificados y asegurar la continuidad de las operaciones seguras en entornos digitales.

Las etapas principales incluyen:

1. Generación de Claves

La primera etapa implica la generación de un par de claves criptográficas (pública y privada) por parte del usuario o la entidad emisora. La clave privada debe ser mantenida en secreto por el titular, mientras que la clave pública se incluirá en el certificado electrónico.

2. Solicitud del Certificado (CSR)

El titular envía una Solicitud de Firma de Certificado (CSR, por sus siglas en inglés) a una Autoridad de Certificación (CA), incluyendo la clave pública y la información de identidad que será certificada. Este proceso puede realizarse a través de herramientas de software o directamente en el sitio web del proveedor de servicios de certificación.

3. Validación

La CA valida la identidad del solicitante y la autenticidad de la información proporcionada. El nivel de validación puede variar dependiendo del tipo de certificado solicitado, desde una simple verificación por correo electrónico hasta una validación en persona o documental más rigurosa.

4. Emisión del Certificado

Una vez completada la validación, la CA emite el certificado electrónico, firmando digitalmente la clave pública del solicitante junto con la información de identidad validada. El certificado incluye también el periodo de validez y la firma digital de la CA.

5. Instalación

El titular recibe el certificado y lo instala en su sistema o dispositivo, asegurándose de que la clave privada correspondiente esté adecuadamente protegida y asociada al certificado.

6. Uso del Certificado

El certificado puede ser utilizado para una variedad de propósitos, como la autenticación en servicios en línea, la firma digital de documentos o el cifrado de comunicaciones, dependiendo de su tipo y propósito.

7. Renovación

Antes de que el certificado expire, el titular debe iniciar el proceso de renovación si desea continuar utilizando los servicios asociados al certificado. Este proceso puede requerir una nueva validación de identidad y la emisión de un nuevo par de claves.

8. Expiración

Si el certificado no se renueva, expirará en la fecha indicada, dejando de ser válido para usos digitales. Los servicios y aplicaciones que dependen del certificado pueden empezar a rechazarlo como método de autenticación o firma.

9. Revocación

Un certificado puede ser revocado antes de su fecha de expiración si se compromete la clave privada, si cambia la información de identidad del titular o por otras razones de seguridad. La CA mantiene una lista de revocación de certificados (CRL) o utiliza el Protocolo de Estado de Certificado en Línea (OCSP) para difundir la información sobre los certificados revocados.

- **Importancia del Ciclo de Vida del Certificado**

Gestionar adecuadamente el ciclo de vida de un certificado electrónico es esencial para mantener la seguridad y la confiabilidad de las transacciones y comunicaciones digitales. Los titulares de certificados y las organizaciones deben establecer políticas y procedimientos para monitorear y gestionar estos ciclos, asegurando que los certificados sean renovados o reemplazados según sea necesario para evitar interrupciones en el servicio.

6. LA CONFIDENCIALIDAD DEL CERTIFICADO ELECTRÓNICO

La confidencialidad del certificado electrónico es un aspecto fundamental de su seguridad y fiabilidad. Aunque los certificados en sí mismos contienen información pública, como la clave pública del titular y sus datos de identificación, la gestión de la confidencialidad se centra principalmente en la protección de la clave privada asociada al certificado.

La clave privada debe ser manejada y almacenada con el máximo cuidado para evitar accesos no autorizados, ya que su compromiso puede llevar a la suplantación de identidad, la firma de documentos fraudulentos, y otros riesgos de seguridad.

- **Protección de la Clave Privada**
  - Almacenamiento Seguro: La clave privada debe almacenarse en un entorno seguro y protegido. Esto puede implicar el uso de dispositivos de hardware especializados como tokens criptográficos o tarjetas inteligentes que almacenan la clave privada de manera segura y requieren una autenticación física (como un PIN) para su uso.
  - Control de Acceso: Limitar el acceso a la clave privada únicamente al titular del certificado o a personas autorizadas, mediante el uso de contraseñas fuertes, autenticación de múltiples factores y otras medidas de seguridad.
  - Cifrado: Utilizar técnicas de cifrado robustas para proteger la clave privada, especialmente si se almacena en medios digitales susceptibles a accesos no autorizados.
- **Buenas Prácticas para la Gestión de Claves**
  - Copia de Seguridad: Realizar copias de seguridad de la clave privada y del certificado, almacenándolas en ubicaciones seguras y protegidas para prevenir la pérdida de acceso en caso de fallo del dispositivo o medios de almacenamiento principales.
  - Gestión de Contraseñas: Utilizar contraseñas fuertes y únicas para proteger el acceso a la clave privada y cambiarlas regularmente para reducir el riesgo de compromiso.
  - Concienciación y Formación: Es crucial que los titulares de certificados estén informados sobre la importancia de la confidencialidad de la clave privada y conozcan las mejores prácticas para su gestión y protección.

♦ **En Caso de Compromiso**

⇨ Revocación del Certificado: Si se sospecha que la confidencialidad de la clave privada ha sido comprometida, es esencial revocar el certificado de inmediato y notificar a la Autoridad de Certificación para que tome las medidas correspondientes.

⇨ Análisis de Seguridad: Realizar un análisis de seguridad para entender cómo se ha producido el compromiso y tomar medidas para prevenir incidentes similares en el futuro.

♦ **Importancia de la Confidencialidad**

La confidencialidad y la gestión adecuada de la clave privada son esenciales para la integridad y la fiabilidad de las transacciones y comunicaciones electrónicas. La protección de esta clave asegura que solo el titular legítimo del certificado pueda utilizarlo para firmar documentos o autenticarse, manteniendo así la confianza en los procesos digitales que dependen de certificados electrónicos.

7. Extinción de la vigencia de los certificados electrónico

La extinción de la vigencia de los certificados electrónicos es una fase natural en su ciclo de vida. Esto puede ocurrir por varias razones, y es fundamental que los titulares de certificados y las organizaciones estén preparados para gestionar este proceso de manera segura y eficiente para mantener la continuidad de las operaciones digitales.

♦ **Expiración**

⇨ Cada certificado electrónico tiene un periodo de validez definido, que suele estar indicado en el propio certificado. Al llegar a la fecha de expiración, el certificado deja de ser válido para usos digitales como la firma electrónica, la autenticación o el cifrado.

⇨ Es importante monitorear las fechas de expiración de los certificados y planificar su renovación con anticipación para evitar interrupciones en los servicios que dependen de ellos.

- **Revocación**
  - ⇨ Un certificado puede ser revocado antes de su fecha de expiración por diversas razones, como la sospecha de compromiso de la clave privada, cambios en la información personal o de la entidad que el certificado certifica, o por incumplimiento de las políticas de uso del certificado.
  - ⇨ Las Autoridades de Certificación mantienen listas de certificados revocados (CRL) o sistemas de consulta de estado de certificados en tiempo real (OCSP) para permitir a los usuarios y sistemas verificar la validez de los certificados.
- **Renovación**
  - ⇨ Antes de la expiración de un certificado, es posible iniciar un proceso de renovación. Este proceso puede requerir una nueva verificación de la identidad y la generación de un nuevo par de claves criptográficas, dependiendo de la política de la Autoridad de Certificación.
  - ⇨ La renovación asegura la continuidad del uso del certificado sin interrupción, pero debe planificarse y ejecutarse adecuadamente antes de la expiración del certificado actual.
- **Sustitución**

En algunos casos, puede ser necesario sustituir un certificado antes de su expiración debido a cambios tecnológicos, actualizaciones de seguridad o cambios en los requisitos reglamentarios.

La sustitución implica la obtención de un nuevo certificado y la revocación del anterior.

- **Gestión de la Extinción de la Vigencia**
  - ⇨ Políticas de Gestión de Certificados: Las organizaciones deben establecer políticas claras para la gestión del ciclo de vida de los certificados, incluyendo la monitorización de su validez, la renovación oportuna y la revocación y sustitución cuando sea necesario.

- ⇨ Herramientas de Gestión de Certificados: Existen herramientas y sistemas de gestión de certificados que pueden automatizar parte de este proceso, alertando sobre las próximas expiraciones y facilitando la renovación y revocación de certificados.

- ⇨ Comunicación y Formación: Es importante asegurarse de que los empleados y usuarios de certificados estén informados sobre la importancia de la gestión de la vigencia de los certificados y sobre cómo proceder en caso de expiración o revocación.

8. Certificados reconocidos

Los certificados reconocidos son aquellos que cumplen con estándares y regulaciones específicas establecidas por autoridades competentes, asegurando así un alto nivel de confianza y seguridad en las transacciones electrónicas.

En el contexto de la Unión Europea, por ejemplo, el Reglamento eIDAS establece el marco legal para los servicios de confianza, incluidos los certificados electrónicos, y define los criterios para que estos sean considerados "reconocidos".

♦ Características de los Certificados Reconocidos

- ⇨ Conformidad Regulatoria: Cumplen con las regulaciones y estándares nacionales e internacionales, como el Reglamento eIDAS en la Unión Europea.

- ⇨ Emisión por Prestadores Calificados: Son emitidos por Prestadores de Servicios de Confianza (PSC) calificados que han sido oficialmente acreditados por una autoridad supervisora competente.

- ⇨ Alto Nivel de Seguridad: Incluyen mecanismos de seguridad avanzados y son emitidos tras rigurosos procesos de verificación de identidad, asegurando la autenticidad e integridad de las transacciones.

- ⇨ Reconocimiento Transfronterizo: En el caso de la UE, los certificados reconocidos emitidos en un Estado miembro son aceptados en todos los demás Estados miembros, facilitando las transacciones electrónicas a nivel europeo.

- **Uso de Certificados Reconocidos**
  - ⇨ Firma Electrónica Cualificada: Los certificados reconocidos son comúnmente utilizados para crear firmas electrónicas cualificadas, que tienen un efecto jurídico equivalente al de una firma manuscrita en toda la UE.
  - ⇨ Sellado Electrónico: Para entidades corporativas y organizaciones, el uso de certificados reconocidos en sellos electrónicos cualificados asegura la integridad y el origen de los documentos electrónicos.
  - ⇨ Autenticación de Sitios Web: Los certificados reconocidos también se utilizan para autenticar la identidad de sitios web, proporcionando un entorno seguro para transacciones en línea mediante el cifrado SSL/TLS.
- **Beneficios de los Certificados Reconocidos**
  - ⇨ Confianza y Seguridad: Aumentan la confianza en las transacciones electrónicas al garantizar la seguridad y la autenticidad de las comunicaciones.
  - ⇨ Eficiencia Operativa: Facilitan la realización de transacciones electrónicas de manera eficiente, eliminando la necesidad de procesos en papel y presencia física.
  - ⇨ Conformidad Legal: Garantizan el cumplimiento de las obligaciones legales y regulatorias, reduciendo los riesgos legales y de conformidad para individuos y organizaciones.
- **Consideraciones para la Obtención**
  - ⇨ Selección del Prestador: Es importante elegir un PSC calificado y reconocido que ofrezca los niveles de servicio y seguridad requeridos.
  - ⇨ Proceso de Solicitud: Los solicitantes deben estar preparados para completar un proceso de verificación de identidad más riguroso en comparación con certificados no reconocidos.
  - ⇨ Costo: Los certificados reconocidos pueden tener un costo más alto debido a los niveles de seguridad y confianza que proporcionan, así como al proceso de acreditación del emisor.

8.1. Obligaciones del prestador de servicios

Los prestadores de servicios de certificación que emiten certificados reconocidos tienen una serie de obligaciones legales y operativas para garantizar la seguridad, confiabilidad y conformidad de los servicios que ofrecen.

Estas obligaciones varían según la legislación y los estándares aplicables en cada jurisdicción, pero en general, incluyen aspectos fundamentales que son esenciales para mantener la confianza en los sistemas de firma electrónica y otros servicios de confianza.

1. Verificación Rigurosa de la Identidad

Los prestadores deben realizar una verificación rigurosa de la identidad y otros atributos de los solicitantes antes de emitir certificados reconocidos. Esto puede incluir la verificación de documentos oficiales, la confirmación de datos personales o corporativos y, en algunos casos, la validación presencial.

2. Seguridad de la Infraestructura Tecnológica

Deben asegurar la seguridad de su infraestructura tecnológica, incluyendo sistemas de almacenamiento de datos, servidores de certificados y mecanismos de generación de claves, para proteger contra el acceso no autorizado, la manipulación o la pérdida de información sensible.

3. Empleo de Prácticas y Estándares Técnicos

Se espera que utilicen prácticas y estándares técnicos reconocidos para la generación, emisión, gestión y revocación de certificados, asegurando así la calidad y la seguridad de los certificados emitidos.

4. Gestión de Revocaciones

Deben proporcionar un mecanismo eficaz y accesible para la revocación de certificados, permitiendo a los titulares o a terceros autorizados reportar el compromiso o la pérdida de claves privadas, así como cambios en la información que harían que el certificado ya no sea válido.

5. Transparencia y Políticas Claras

Están obligados a publicar y mantener actualizadas sus políticas y prácticas de certificación, incluyendo detalles sobre los procedimientos de emisión y revocación de certificados, así como las responsabilidades de los titulares de certificados.

6. Registro y Auditoría

Deben llevar un registro detallado de todas las operaciones relacionadas con la emisión y gestión de certificados y someterse a auditorías periódicas por entidades independientes para verificar el cumplimiento de las normativas y estándares aplicables.

7. Protección de Datos Personales

En jurisdicciones con regulaciones estrictas de protección de datos, como la Unión Europea con el GDPR, los prestadores deben asegurar la protección de los datos personales de los solicitantes y titulares de certificados, implementando medidas adecuadas de seguridad de datos y garantizando los derechos de acceso, rectificación y supresión.

8. Atención al Cliente y Resolución de Disputas

Deben ofrecer canales de atención al cliente efectivos para resolver cualquier consulta o problema relacionado con los certificados emitidos y establecer procedimientos claros para la resolución de disputas.

Estas obligaciones son esenciales para asegurar que los prestadores de servicios de certificación operen de manera que mantenga la confianza del público y de las partes interesadas en los sistemas de firma electrónica y otros servicios de confianza digital. El incumplimiento de estas obligaciones puede llevar a sanciones legales, la pérdida de la acreditación y, lo que es más importante, puede socavar la confianza en los certificados emitidos y en el ecosistema digital en su conjunto.

8.2. Comprobación de la identidad

La comprobación de la identidad es un paso crucial en el proceso de emisión de certificados electrónicos reconocidos.

Los prestadores de servicios de certificación tienen la responsabilidad de asegurar que la identidad del solicitante corresponda con la persona o entidad que pretende ser, antes de emitir un certificado. Este proceso de validación es fundamental para mantener la integridad y la confianza en las transacciones electrónicas.

- **Métodos de Verificación**

  - ⇨ Documentación Oficial: La forma más común de verificar la identidad es a través de documentos oficiales, como el DNI, el pasaporte o el NIE en España. Los solicitantes pueden requerir presentar estos documentos en persona o proporcionar copias certificadas.

  - ⇨ Presencia Física: Para certificados de alto nivel de seguridad, como los certificados cualificados, puede exigirse la presencia física del solicitante en una oficina de registro autorizada para verificar su identidad directamente.

  - ⇨ Verificación Electrónica: Algunos prestadores utilizan métodos de verificación electrónica, que pueden incluir la comparación de datos con bases de datos oficiales, la verificación de información crediticia o el uso de servicios de identificación en línea.

  - ⇨ Otros Métodos: Dependiendo de la jurisdicción y el tipo de certificado, pueden emplearse otros métodos, como la verificación telefónica, la firma de declaraciones juradas o la validación a través de terceros de confianza.

- **Niveles de Verificación**

  - ⇨ Básico: Adecuado para certificados destinados a aplicaciones de bajo riesgo, donde las consecuencias de un error de identificación son mínimas. La verificación puede ser relativamente simple, como la confirmación de la dirección de correo electrónico.

  - ⇨ Intermedio: Requiere una verificación más detallada de la identidad, adecuada para transacciones con un nivel moderado de riesgo. Esto puede incluir la comprobación de varios documentos de identidad o la verificación de datos personales a través de bases de datos.

⇨ Avanzado: Destinado a certificados de alta seguridad, como los certificados cualificados para firma electrónica. La verificación de la identidad es exhaustiva y puede requerir la presencia física del solicitante, la presentación de múltiples formas de identificación y, en algunos casos, la confirmación de información adicional.

♦ **Importancia de la Comprobación de Identidad**

⇨ Confianza: Una verificación de identidad rigurosa es esencial para establecer y mantener la confianza en las transacciones electrónicas, asegurando que los certificados electrónicos sean emitidos únicamente a individuos o entidades legítimos.

⇨ Seguridad: Previene el fraude y el uso indebido de certificados, reduciendo el riesgo de actividades maliciosas como la suplantación de identidad y la firma electrónica fraudulenta.

⇨ Conformidad Legal: Cumple con las regulaciones y normativas aplicables, garantizando que los certificados emitidos sean reconocidos y aceptados para usos legales y comerciales.

8.3. El certificado electrónico del prestador extraeuropeo

Los certificados electrónicos emitidos por prestadores de servicios de certificación (PSC) fuera del ámbito de la Unión Europea (extraeuropeos) plantean consideraciones particulares en cuanto a su reconocimiento y aceptación dentro de la UE. Estos certificados pueden ser utilizados para diversas aplicaciones, incluyendo la firma electrónica, la autenticación y el cifrado, pero su validez y confiabilidad en la UE dependen de su conformidad con los estándares y regulaciones establecidos, principalmente bajo el Reglamento eIDAS.

♦ **Reconocimiento en la UE**

⇨ Para que un certificado electrónico emitido por un prestador extraeuropeo sea reconocido en la Unión Europea, dicho prestador debe cumplir con los requisitos del Reglamento eIDAS y, en muchos casos, debe estar incluido en una lista de confianza (TSL) de la UE.

- ⇨ La aceptación de certificados de prestadores extraeuropeos también puede ser facilitada por acuerdos bilaterales o multilaterales entre la UE y terceros países o por el reconocimiento mutuo de esquemas de firma electrónica.

- ♦ **Conformidad con eIDAS**

  - ⇨ Los prestadores extraeuropeos que busquen ofrecer servicios de certificación electrónica dentro de la UE deben demostrar su conformidad con los estándares de seguridad, privacidad y operación definidos por eIDAS.
  - ⇨ Esto incluye, entre otros, la verificación rigurosa de la identidad, la gestión segura de claves criptográficas, la infraestructura tecnológica robusta y las prácticas de revocación eficientes.

- ♦ **Uso de Certificados Extraeuropeos**

  - ⇨ Los certificados emitidos por prestadores extraeuropeos pueden ser utilizados para transacciones internacionales y comunicaciones entre empresas y entidades situadas dentro y fuera de la UE, siempre que sean aceptados por las partes involucradas.
  - ⇨ Sin embargo, para usos específicos que requieren certificados cualificados, como la firma de documentos con efectos legales dentro de la UE, es esencial que el certificado sea emitido por un PSC cualificado y reconocido bajo eIDAS.

- ♦ **Desafíos y Consideraciones**

  - ⇨ Interoperabilidad: Garantizar la interoperabilidad técnica y legal de los certificados extraeuropeos con los sistemas y marcos regulatorios de la UE puede ser complejo, requiriendo a menudo la adaptación de los procedimientos de emisión y gestión de certificados.
  - ⇨ Confianza: Establecer la confianza en los certificados emitidos por prestadores extraeuropeos implica asegurar la transparencia de sus operaciones y la rigurosidad de sus prácticas de seguridad.

- ⇨ Revocación y Validación: La capacidad para verificar el estado de un certificado (válido, revocado o expirado) en tiempo real es crucial, especialmente para certificados utilizados en transacciones críticas.

Para facilitar el uso transfronterizo de certificados electrónicos y apoyar la economía digital global, es importante promover la armonización de los estándares y prácticas de certificación electrónica a nivel internacional. Esto incluye el trabajo hacia la interoperabilidad de los esquemas de certificación y el reconocimiento mutuo de certificados, asegurando que los certificados emitidos por prestadores extraeuropeos puedan ser utilizados de manera efectiva y segura dentro de la Unión Europea.

Resumen

- El tema aborda diversos aspectos relacionados con los certificados electrónicos, herramientas esenciales para la seguridad digital que facilitan la autenticación, firma digital y cifrado en el entorno digital mediante la criptografía de clave pública. Se discuten los tipos de certificados (personales, empresariales, de sitio web), el proceso de emisión y gestión por parte de los Prestadores de Servicios de Certificación, y la importancia de la verificación de identidad para asegurar la autenticidad y seguridad de las transacciones electrónicas.

- Se destaca la distinción entre certificados reconocidos y no reconocidos, siendo los primeros aquellos que cumplen con estándares y regulaciones específicas, como el Reglamento eIDAS en la UE, lo que garantiza un alto nivel de confianza y seguridad. Además, se aborda el ciclo de vida de un certificado electrónico, desde su generación hasta su expiración o revocación, y se subraya la importancia de la confidencialidad, especialmente en la protección de la clave privada.

- También se menciona la extinción de la vigencia de los certificados y las obligaciones de los prestadores de servicios para garantizar la seguridad y confiabilidad de los certificados emitidos. Por último, se discuten los certificados emitidos por prestadores extraeuropeos y su reconocimiento en la UE, subrayando la necesidad de cumplir con regulaciones como eIDAS para su aceptación y uso transfronterizo.

- En resumen, el tema ofrece una visión integral sobre los certificados electrónicos, destacando su papel crítico en la seguridad digital, los procesos de emisión y gestión, y las consideraciones legales y técnicas para su uso efectivo en transacciones y comunicaciones electrónicas seguras.

UNIDAD

2.5. Sistemas de Seguridad en la Empresa

Contenido de la Unidad

ICB
EDITORES

1. Introducción

1.1. Importancia de la seguridad en la empresa

La seguridad en las empresas constituye un pilar fundamental para su estabilidad y crecimiento sostenido. En un mundo cada vez más digitalizado y conectado, las amenazas a la integridad de los datos y la continuidad de las operaciones empresariales se han vuelto más sofisticadas y frecuentes. La importancia de implementar sistemas de seguridad eficaces trasciende la mera protección de la información confidencial; se extiende a salvaguardar la reputación de la empresa, mantener la confianza de los clientes y asegurar la competitividad en el mercado.

Un enfoque robusto en materia de seguridad no solo previene pérdidas económicas significativas derivadas de incidentes de seguridad, como brechas de datos o ataques cibernéticos, sino que también cumple con regulaciones y estándares legales cada vez más exigentes, evitando sanciones y complicaciones legales. Además, en el entorno empresarial actual, donde la colaboración y el intercambio de información juegan un rol crucial, establecer un marco de seguridad sólido es esencial para facilitar estas dinámicas sin comprometer la integridad y la confidencialidad de los datos.

Por tanto, la seguridad en las empresas no debe verse como un gasto, sino como una inversión estratégica que protege y potencia los activos más valiosos de la organización: su información, su gente y su reputación. Implementar sistemas de seguridad adecuados permite a las empresas no solo defenderse contra amenazas inmediatas, sino también prepararse y adaptarse a los desafíos futuros, asegurando su viabilidad y éxito a largo plazo.

1.2. Panorama general de los sistemas de seguridad

En el contexto empresarial, los sistemas de seguridad se pueden clasificar en diversas categorías, cada una diseñada para abordar aspectos específicos de la protección y la gestión de riesgos. Estos sistemas varían desde soluciones físicas hasta digitales, cubriendo un amplio espectro de necesidades y amenazas. A continuación, se presenta un panorama general de los sistemas de seguridad más relevantes en el ámbito empresarial:

- Seguridad Física: Incluye medidas y dispositivos para proteger las instalaciones y los bienes materiales de la empresa. Esto abarca desde sistemas de vigilancia por cámaras, control de acceso mediante tarjetas o biometría, alarmas contra intrusiones, hasta la seguridad perimetral con cercas, barreras y la protección de accesos críticos.
- Seguridad de la Información: Se centra en proteger la integridad, la disponibilidad y la confidencialidad de los datos. Esto comprende la implementación de firewalls, antivirus, sistemas de detección de intrusiones (IDS) y prevención de intrusiones (IPS), así como políticas de seguridad para la gestión de contraseñas y el control de accesos.
- Ciberseguridad: Aunque estrechamente relacionada con la seguridad de la información, la ciberseguridad se enfoca específicamente en proteger los sistemas de información de la empresa contra ataques cibernéticos. Esto incluye la defensa contra malware, ransomware, phishing, y otras formas de ataques cibernéticos diseñados para comprometer los sistemas empresariales.
- Seguridad de Redes: Implica la protección de la infraestructura de red y los datos que se transmiten a través de ella. Las VPNs (Redes Privadas Virtuales), los firewalls de próxima generación y los sistemas de detección y prevención de intrusiones son herramientas clave en este ámbito.
- Seguridad de Aplicaciones: Se enfoca en asegurar que las aplicaciones empresariales sean resistentes a ataques y fallos. Esto incluye la realización de pruebas de penetración, la revisión de código y la implementación de prácticas de desarrollo seguro para mitigar vulnerabilidades en el software.
- Seguridad en la Nube: Dado el creciente uso de servicios en la nube, asegurar estos entornos se ha vuelto crítico. Esto implica la gestión de identidades y accesos, la protección de datos en tránsito y en reposo, y la implementación de políticas de seguridad específicas para entornos en la nube.
- Continuidad del Negocio y Recuperación ante Desastres: Aunque más estratégico que técnico, este aspecto es fundamental para asegurar la resiliencia empresarial. Incluye la planificación de la continuidad operativa y la recuperación de datos y sistemas críticos en caso de incidentes mayores, como desastres naturales o ataques cibernéticos masivos.

Cada uno de estos sistemas de seguridad desempeña un papel crucial en la protección integral de la empresa, y su implementación debe ser considerada cuidadosamente, adaptándose a las necesidades específicas, el tamaño y el tipo de negocio, así como a los riesgos particulares a los que se enfrenta la organización.

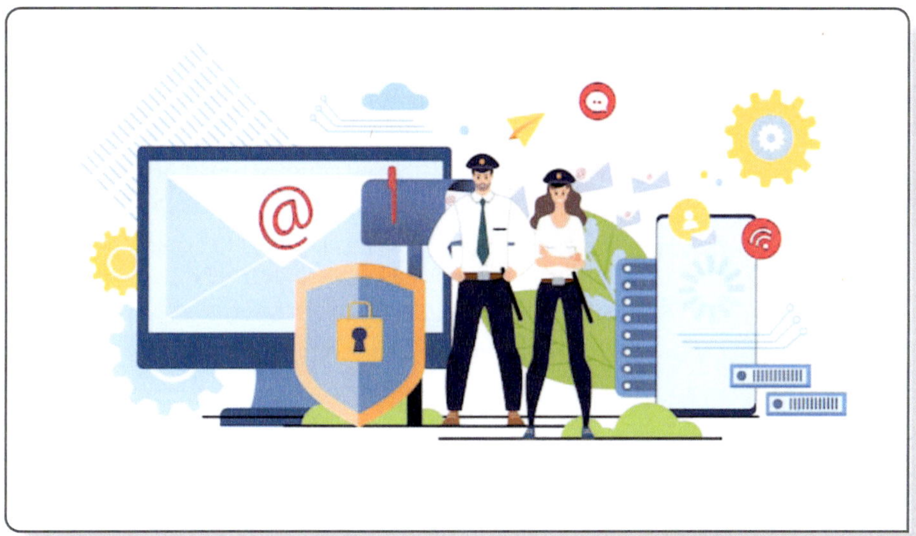

2. Tipos de Sistemas de Seguridad en la Empresa

2.1. Descripción general.

Los sistemas de seguridad en las empresas se pueden clasificar en varios tipos, cada uno con sus propias características y objetivos específicos. Estos sistemas abarcan una amplia gama de tecnologías, prácticas y estrategias diseñadas para proteger los activos de una organización, tanto físicos como digitales. A continuación, se ofrece una descripción general de los principales tipos de sistemas de seguridad empresarial:

1. Sistemas de Seguridad Física: Estos sistemas están diseñados para proteger las instalaciones físicas de la empresa y los bienes tangibles. Incluyen:

   ⇨ Control de Acceso: Tecnologías como cerraduras electrónicas, sistemas de identificación por tarjetas, reconocimiento facial o biométrico, destinadas a restringir el acceso a áreas específicas dentro de las instalaciones.

- ⇨ Videovigilancia: Cámaras de seguridad que permiten la monitorización en tiempo real de las instalaciones para detectar y disuadir actividades no autorizadas o sospechosas.
- ⇨ Sistemas de Alarma: Detectores de movimiento, sensores de puertas/ ventanas y alarmas sonoras o luminosas que se activan ante intrusos o accesos no autorizados.

2. Seguridad Informática: Esta categoría se enfoca en la protección de la información digital y los sistemas informáticos de la empresa:
   - ⇨ Antivirus y Antimalware: Software diseñado para detectar, prevenir y eliminar software malicioso que podría comprometer los sistemas informáticos de la empresa.
   - ⇨ Firewalls: Dispositivos o programas que controlan el tráfico de red entrante y saliente basándose en un conjunto de reglas de seguridad, protegiendo así los sistemas de ataques externos.
   - ⇨ Cifrado de Datos: Tecnologías que transforman la información en un formato ilegible para cualquier persona que no posea la clave de cifrado, protegiendo los datos tanto en tránsito como en reposo.
3. Seguridad en Redes: Dirigida a proteger la infraestructura de red y los datos que circulan por ella:
   - ⇨ Sistemas de Detección y Prevención de Intrusiones (IDS/IPS): Herramientas que monitorean el tráfico de red en busca de actividades sospechosas y bloquean las amenazas detectadas.
   - ⇨ Redes Privadas Virtuales (VPN): Crean un canal seguro para la comunicación de datos a través de redes públicas, asegurando la privacidad e integridad de la información transmitida.
4. Seguridad de Aplicaciones: Enfocada en asegurar que las aplicaciones desarrolladas o utilizadas por la empresa sean seguras y estén libres de vulnerabilidades:
   - ⇨ Pruebas de Seguridad de Aplicaciones: Procesos como las pruebas de penetración y la revisión de código fuente para identificar y corregir vulnerabilidades.

- ⇨ Gestión de Parches: Actualización y mantenimiento regulares del software para corregir fallos de seguridad y mejorar la funcionalidad.

5. Seguridad en la Nube: Específica para servicios y datos alojados en la nube, incluye:

   - ⇨ Gestión de Identidades y Accesos: Controla quién puede acceder a qué información y servicios en la nube, y con qué permisos.
   - ⇨ Seguridad de Datos en la Nube: Incluye cifrado, tokenización y otras técnicas para proteger los datos sensibles almacenados o procesados en la nube.

6. Educación y Concienciación en Seguridad: Crucial para cualquier estrategia de seguridad, implica entrenar al personal en las mejores prácticas de seguridad, concienciación sobre las amenazas y cómo evitarlas.

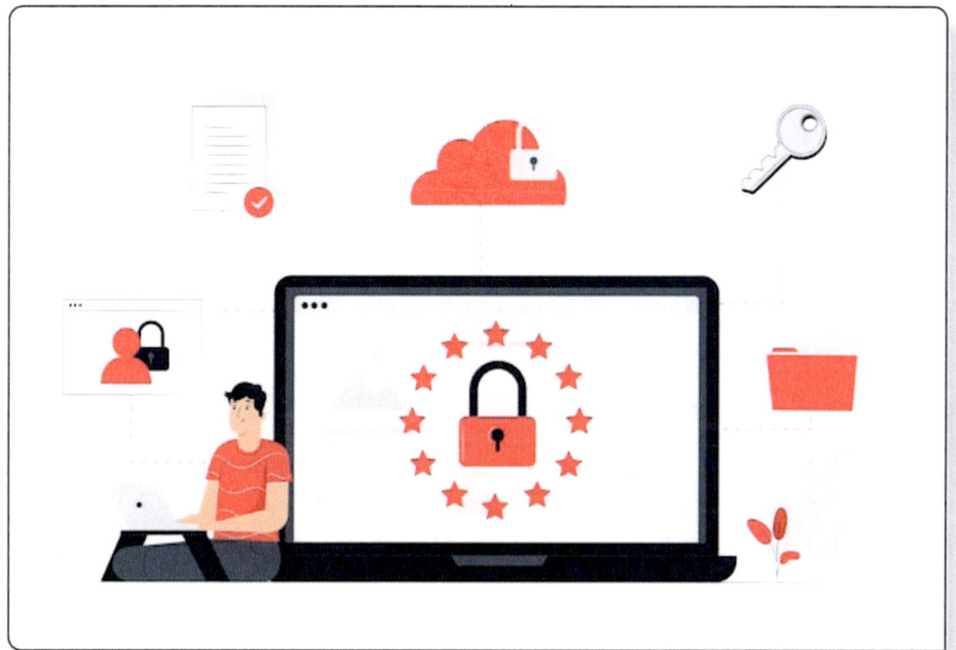

2.2. Clasificación según su naturaleza y aplicación.

La clasificación de los sistemas de seguridad en la empresa según su naturaleza y aplicación permite entender mejor cómo estos sistemas pueden integrarse y funcionar de manera cohesiva para proporcionar una protección completa.

Esta clasificación también ayuda a las empresas a identificar qué sistemas son necesarios para sus necesidades específicas. A continuación, se detalla una clasificación común basada en la naturaleza y aplicación de los sistemas de seguridad:

1. Seguridad Activa y Pasiva:

    ⇨ Seguridad Activa: Incluye sistemas y medidas que detectan y responden activamente a incidentes de seguridad en tiempo real. Por ejemplo, los sistemas de detección de intrusos (IDS), el software antivirus, y los sistemas de gestión de incidentes entran en esta categoría. Estas soluciones no solo identifican las amenazas, sino que también toman medidas para neutralizarlas o minimizar su impacto.

    ⇨ Seguridad Pasiva: Se refiere a medidas y sistemas que están diseñados para prevenir incidentes de seguridad antes de que ocurran. Esto incluye barreras físicas, cifrado de datos, políticas de contraseñas seguras y la formación y concienciación en seguridad para los empleados. Aunque no responden a los ataques en tiempo real, son fundamentales para crear una base sólida de seguridad.

2. Seguridad Física y Lógica:

    ⇨ Seguridad Física: Protege los activos físicos de la empresa, como las instalaciones, el hardware y el personal. Involucra el control de acceso físico, sistemas de vigilancia por vídeo, alarmas de seguridad y medidas de protección contra desastres naturales o provocados.

    ⇨ Seguridad Lógica (o Digital): Se enfoca en proteger los activos digitales de la empresa, como los datos y la información. Incluye el cifrado, la autenticación, la seguridad de la red, la protección contra malware y las políticas de seguridad de TI.

3. Seguridad Preventiva, Detectiva y Correctiva:

    ⇨ Seguridad Preventiva: Tiene como objetivo prevenir las violaciones de seguridad antes de que ocurran. Esto incluye el uso de firewalls, el cifrado, las políticas de acceso y la educación en seguridad para los empleados.

- ⇨ Seguridad Detectiva: Diseñada para detectar y señalar actividades sospechosas o violaciones de seguridad cuando ocurren. Los sistemas de detección de intrusiones y el monitoreo de la red son ejemplos de seguridad detectiva.

- ⇨ Seguridad Correctiva: Se centra en responder y recuperarse de un incidente de seguridad. Incluye planes de respuesta a incidentes, sistemas de respaldo y recuperación de datos, y la capacidad de restaurar sistemas y operaciones después de un ataque.

4. Seguridad Interna y Externa:

- ⇨ Seguridad Interna: Se dirige a amenazas y riesgos originados dentro de la organización, ya sea por empleados, contratistas o cualquier persona con acceso interno a los sistemas y datos de la empresa. Incluye el control de accesos, la segregación de funciones y la monitorización de la actividad interna.

- ⇨ Seguridad Externa: Enfocada en proteger contra amenazas externas, como hackers, ciberdelincuentes y otras entidades maliciosas que buscan comprometer los sistemas de la empresa desde el exterior. Esto implica el uso de firewalls, sistemas de prevención de intrusiones y otras medidas de defensa perimetral.

- ⇨ La aplicación efectiva de sistemas de seguridad en una empresa requiere una combinación equilibrada de estas diversas clasificaciones, adaptada a las necesidades específicas, la estructura y los riesgos únicos de la organización.

3. Sistemas Pasivos y Reactivos

3.1. Definición y características de los sistemas pasivos

Los sistemas de seguridad pasivos son aquellos que están diseñados para fortalecer la infraestructura y los datos de una empresa contra posibles amenazas, sin la capacidad de actuar o responder automáticamente a los incidentes de seguridad cuando ocurren.

Su principal objetivo es disuadir, retrasar o prevenir amenazas mediante la creación de barreras y la implementación de medidas preventivas. Estos sistemas son fundamentales para establecer una base sólida de seguridad y son una parte esencial de una estrategia de seguridad integral.

Características de los Sistemas Pasivos:

⇨ Prevención y Disuasión: Los sistemas pasivos están diseñados principalmente para prevenir incidentes de seguridad antes de que ocurran, mediante la disuasión y la creación de barreras físicas o digitales.

⇨ No Interactivos: A diferencia de los sistemas reactivos o activos, los sistemas pasivos no tienen la capacidad de detectar o responder en tiempo real a los incidentes de seguridad. Su función se centra en la prevención y la resistencia.

⇨ Infraestructura de Seguridad: Incluyen elementos como cerraduras físicas, puertas de seguridad, sistemas de cifrado de datos, y políticas de seguridad que establecen las normas y procedimientos para proteger los activos de la empresa.

⇨ Bajo Mantenimiento: Una vez implementados, los sistemas pasivos generalmente requieren menos mantenimiento y supervisión continua en comparación con los sistemas activos o reactivos.

⇨ Capa Fundamental de Seguridad: Sirven como la primera línea de defensa en una estrategia de seguridad, ofreciendo una base sobre la cual se pueden construir medidas de seguridad más dinámicas y reactivas.

Ejemplos de Sistemas Pasivos:

⇨ Cifrado de Datos: Protege la información convirtiéndola en un formato ilegible sin la clave adecuada, asegurando que los datos permanezcan seguros incluso en caso de acceso no autorizado.

⇨ Controles de Acceso Físico: Como cerraduras, barreras, tarjetas de acceso y sistemas biométricos que restringen la entrada a instalaciones o áreas específicas.

- ⇨ Políticas de Seguridad y Normativas: Directrices establecidas que regulan cómo se deben manejar y proteger los datos y los sistemas, incluyendo políticas de contraseñas, directrices para el manejo de la información confidencial, y protocolos de seguridad física.
- ⇨ Seguridad Perimetral: Vallas, muros, y puertas que protegen el perímetro físico de una instalación, evitando el acceso no autorizado.
- ⇨ Copia de Seguridad y Recuperación de Datos: Sistemas diseñados para asegurar que, en caso de pérdida de datos debido a fallos de hardware, errores humanos o ataques cibernéticos, exista una copia segura que permita la recuperación de la información.

3.2. Definición y características de los sistemas reactivos

Los sistemas de seguridad reactivos, también conocidos como sistemas activos, están diseñados para identificar, responder y mitigar incidentes de seguridad en tiempo real o después de que han ocurrido. A diferencia de los sistemas pasivos, que se centran en la prevención y la disuasión, los sistemas reactivos toman medidas inmediatas ante una amenaza detectada para limitar el daño y restaurar la seguridad.

Características de los Sistemas Reactivos:

- ⇨ Detección en Tiempo Real: Los sistemas reactivos son capaces de monitorear y detectar actividades anormales o maliciosas a medida que ocurren, utilizando diversas tecnologías como el análisis de comportamiento y la inteligencia artificial.
- ⇨ Respuesta Automatizada: Una vez que se detecta una amenaza, estos sistemas pueden responder automáticamente para contenerla, eliminarla o mitigar su impacto. Esto puede incluir acciones como desconectar un sistema infectado de la red, bloquear una dirección IP maliciosa o revertir cambios realizados por un software malicioso.
- ⇨ Recuperación y Restauración: Después de un incidente de seguridad, los sistemas reactivos trabajan para restaurar los sistemas y datos afectados a su estado original, minimizando el tiempo de inactividad y el impacto en las operaciones empresariales.

- ⇨ Adaptabilidad: Estos sistemas suelen tener la capacidad de aprender de los incidentes de seguridad y adaptarse a nuevas amenazas, mejorando su eficacia con el tiempo.
- ⇨ Alertas y Notificaciones: Proporcionan notificaciones en tiempo real a los equipos de seguridad o a los administradores de sistemas sobre posibles incidentes de seguridad, permitiendo una intervención humana rápida cuando es necesario.

Ejemplos de Sistemas Reactivos:

- ⇨ Sistemas de Detección de Intrusos (IDS) y Sistemas de Prevención de Intrusos (IPS): Monitorean el tráfico de la red en busca de patrones sospechosos o maliciosos y toman medidas para bloquear o alertar sobre estas actividades.
- ⇨ Software Antivirus y Antimalware: Analizan los sistemas en busca de software malicioso conocido y actúan para eliminar o poner en cuarentena los archivos infectados.
- ⇨ Gestión de Parches Automatizada: Detecta software desactualizado o vulnerable y aplica actualizaciones o parches de seguridad de forma automática para corregir vulnerabilidades.
- ⇨ Respuesta a Incidentes de Seguridad: Procedimientos y herramientas diseñados para responder rápidamente a violaciones de seguridad, incluyendo la investigación de la causa raíz y la implementación de medidas correctivas.
- ⇨ Copias de Seguridad y Recuperación de Desastres: Aunque también pueden ser considerados como sistemas pasivos, en el contexto reactivo, se enfocan en la rápida restauración de datos y sistemas después de un incidente de seguridad para asegurar la continuidad del negocio.

Los sistemas de seguridad reactivos son esenciales para una estrategia de seguridad integral, ya que proporcionan la capacidad de actuar rápidamente frente a amenazas inminentes, minimizando así el daño potencial y asegurando una recuperación eficaz. La combinación efectiva de sistemas pasivos y reactivos permite a las empresas fortalecer su postura de seguridad y proteger sus activos críticos de manera más efectiva.

3.3. Comparación y casos de uso

La comparación entre sistemas de seguridad pasivos y reactivos revela diferencias fundamentales en su enfoque y aplicación, aunque ambos son esenciales para una estrategia de seguridad integral en la empresa. Cada tipo de sistema tiene casos de uso específicos en los que es particularmente efectivo, y su implementación conjunta proporciona una protección más completa.

Comparación:

- Enfoque: Los sistemas pasivos se centran en la prevención y la disuasión, estableciendo barreras y protocolos que dificultan las violaciones de seguridad. Los sistemas reactivos, por otro lado, se centran en la detección y respuesta a incidentes de seguridad ya ocurridos o en proceso.
- Interacción: Los sistemas pasivos no interactúan directamente con las amenazas; su función es más bien crear un entorno seguro que minimice las vulnerabilidades. Los sistemas reactivos interactúan directamente con las amenazas detectadas, tomando medidas para neutralizarlas o mitigar su impacto.
- Dinamismo: Los sistemas pasivos tienden a ser estáticos; una vez implementados, su funcionamiento no cambia significativamente con el tiempo. Los sistemas reactivos son dinámicos, adaptándose a nuevas amenazas y aprendiendo de los incidentes para mejorar su eficacia.
- Mantenimiento: Los sistemas pasivos generalmente requieren menos mantenimiento continuo que los sistemas reactivos, que necesitan actualizaciones regulares para mantenerse efectivos contra nuevas amenazas.

Casos de Uso:

- Sistemas Pasivos:
  - Protección de Datos Confidenciales: El cifrado de datos es un sistema pasivo esencial para proteger la información sensible, asegurando que solo las personas autorizadas puedan acceder a ella, incluso en caso de una violación de datos.

- Control de Acceso Físico: En áreas donde se manejan activos críticos o sensibles, los sistemas de control de acceso físico, como cerraduras electrónicas y escáneres biométricos, previenen el acceso no autorizado.
- Cumplimiento Normativo: Las políticas de seguridad y las directrices de cumplimiento actúan como sistemas pasivos al establecer un marco de operaciones seguro que cumple con las regulaciones aplicables.

⇨ Sistemas Reactivos:

- Respuesta a Ataques Cibernéticos: Los sistemas de detección y prevención de intrusiones son cruciales para identificar y bloquear ataques cibernéticos en tiempo real, como un intento de hackeo o un ataque de malware.
- Gestión de Incidentes de Seguridad: En el caso de una violación de datos, los procedimientos de respuesta a incidentes permiten a las organizaciones actuar rápidamente para contener el daño, investigar el origen y restaurar los servicios afectados.
- Monitoreo de la Red: La supervisión continua de la red detecta actividades sospechosas o anómalas, permitiendo intervenciones rápidas para prevenir posibles brechas de seguridad.

La elección entre sistemas pasivos y reactivos, o más comúnmente, la combinación de ambos, depende de varios factores, incluyendo el tipo de activos a proteger, el perfil de riesgo de la empresa, los requisitos regulatorios y las limitaciones presupuestarias. Una estrategia de seguridad efectiva generalmente integra elementos de ambos enfoques para crear una defensa en profundidad que proteja contra una amplia gama de amenazas.

4. Suplantación o Spoofing

4.1. Concepto y tipos de suplantación.

La suplantación o "spoofing" es una táctica de ciberseguridad engañosa utilizada para engañar a individuos o sistemas haciéndose pasar por una entidad confiable en una comunicación. Esta técnica se emplea para obtener acceso no autorizado a sistemas, robar datos, difundir malware o eludir controles de seguridad. El objetivo es engañar al receptor para que realice acciones como revelar información confidencial, hacer clic en enlaces maliciosos o permitir el acceso a sistemas protegidos.

Tipos de Suplantación:

1. Spoofing de Dirección IP: Implica falsificar la dirección IP de un dispositivo en la red para hacer parecer que el tráfico proviene de una fuente confiable o autorizada. Esto se usa a menudo para eludir las medidas de seguridad de la red, realizar ataques de hombre en el medio o distribuir malware.

2. Spoofing de Correo Electrónico (Email Spoofing): Consiste en enviar correos electrónicos con un encabezado falsificado para que parezca que el mensaje proviene de alguien que el receptor conoce y confía, como un colega o una institución legítima. Se utiliza frecuentemente en ataques de phishing para engañar a los destinatarios y que revelen información sensible o accedan a enlaces infectados.

3. Spoofing de Sitios Web: Involucra la creación de un sitio web falso que imita el diseño y la funcionalidad de un sitio legítimo. Los usuarios son engañados para que ingresen a este sitio falso, donde se les puede solicitar que ingresen datos personales, financieros o de acceso, que luego son robados por los atacantes.

4. Spoofing de Caller ID (Identificador de Llamadas): Este tipo de suplantación ocurre cuando un atacante falsifica la información de identificación de llamadas que aparece en el dispositivo del destinatario para hacerse pasar por una fuente legítima o confiable, como una empresa conocida o una autoridad gubernamental. Se utiliza para engañar a las personas para que entreguen información personal o financiera por teléfono.

5. Spoofing de ARP (Protocolo de Resolución de Direcciones): En una red, el spoofing de ARP implica enviar mensajes ARP (Address Resolution Protocol) falsificados para asociar la dirección MAC del atacante con la dirección IP de otro dispositivo legítimo en la red. Esto permite al atacante interceptar, modificar o bloquear datos destinados al dispositivo legítimo.

6. Spoofing de GPS (Sistema de Posicionamiento Global): Consiste en falsificar señales de GPS para hacer creer a los receptores de GPS que se encuentran en una ubicación diferente a su ubicación real. Aunque menos común en ciberataques tradicionales, tiene implicaciones en la seguridad de aplicaciones sensibles a la ubicación y sistemas de navegación.

La suplantación puede tener consecuencias graves, incluida la pérdida de información confidencial, el acceso no autorizado a sistemas corporativos, el fraude financiero y la diseminación de malware. Es esencial que las empresas y los individuos adopten medidas proactivas de ciberseguridad, como la verificación de dos pasos, la educación en seguridad y el uso de software de seguridad actualizado, para protegerse contra estas tácticas engañosas.

4.2. Ejemplos y métodos comunes de ataque

La suplantación o "spoofing" se manifiesta a través de varios métodos de ataque, cada uno con sus propios ejemplos y técnicas específicas. Estos ataques explotan la confianza de los usuarios en las comunicaciones e interacciones digitales para obtener acceso no autorizado, robar datos o distribuir malware. A continuación, se describen algunos ejemplos y métodos comunes de ataque de suplantación:

1. Spoofing de Dirección IP:

   ⇨ Ejemplo: Un atacante envía paquetes de datos a una red, falsificando la dirección IP de origen para que parezca que los paquetes provienen de una fuente interna confiable dentro de la red, evadiendo así los firewalls y otras medidas de seguridad.

- ⇨ Método Común: Se utiliza en ataques DDoS (Distributed Denial of Service) donde múltiples sistemas comprometidos envían tráfico a un objetivo con direcciones IP falsificadas, sobrecargando el servidor o la red objetivo.

2. Spoofing de Correo Electrónico:

   - ⇨ Ejemplo: Un atacante envía un correo electrónico que parece ser de un banco conocido, solicitando al destinatario que "verifique" su información de cuenta haciendo clic en un enlace que conduce a un sitio web falso.
   - ⇨ Método Común: Phishing, donde los correos electrónicos falsificados se utilizan para engañar a los destinatarios y hacer que revelen información personal, como contraseñas y detalles de tarjetas de crédito.

3. Spoofing de Sitios Web:

   - ⇨ Ejemplo: Se crea una copia exacta del sitio web de una tienda en línea popular. Los usuarios son dirigidos a esta página falsa a través de enlaces en correos electrónicos de phishing, donde ingresan detalles de inicio de sesión o información de pago.
   - ⇨ Método Común: Utilizar técnicas de ingeniería social para atraer a los usuarios a estos sitios falsos, a menudo mediante el uso de URLs que son variaciones sutiles de las direcciones web legítimas.

4. Spoofing de Caller ID:

   - ⇨ Ejemplo: Una llamada telefónica a una víctima muestra en su identificador de llamadas el número de una institución confiable, como un banco o una agencia gubernamental, induciendo a la víctima a proporcionar información sensible.
   - ⇨ Método Común: Uso de software o servicios que permiten al atacante elegir qué número aparece en el identificador de llamadas del destinatario, engañándolo para que atienda la llamada y confíe en el interlocutor.

5. Spoofing de ARP:

   ⇨ Ejemplo: Un atacante en la misma red LAN envía mensajes ARP falsificados, haciendo que el tráfico destinado a la puerta de enlace de la red (como un router) se envíe al atacante en su lugar, permitiendo la intercepción y modificación del tráfico.

   ⇨ Método Común: Utilizar herramientas de hacking que generan y envían mensajes ARP falsos para envenenar las tablas ARP de dispositivos en la red, redirigiendo el tráfico a través del atacante.

6. Spoofing de GPS:

   ⇨ Ejemplo: Un dispositivo de envío de señales falsas de GPS hace que un sistema de rastreo de vehículos crea que un vehículo está en una ubicación diferente de su ubicación real.

   ⇨ Método Común: Utilización de hardware y software especializados para emitir señales de GPS falsas, engañando a los receptores de GPS.

4.3. Estrategias de prevención y mitigación

Para prevenir y mitigar los ataques de suplantación o "spoofing", las organizaciones y los usuarios individuales deben adoptar una combinación de medidas técnicas, políticas de seguridad y prácticas de concienciación. Estas estrategias están diseñadas para reforzar la seguridad, detectar intentos de suplantación y reducir el impacto potencial de los ataques. A continuación, se describen algunas de las estrategias de prevención y mitigación más efectivas:

1. Autenticación Fuerte: Implementar mecanismos de autenticación multifactor (MFA) para añadir capas adicionales de seguridad más allá de las contraseñas, como tokens de hardware, autenticación biométrica o códigos de un solo uso enviados a dispositivos móviles.

2. Educación y Concienciación en Seguridad: Realizar programas de formación regular para empleados y usuarios sobre los riesgos de la suplantación y cómo identificar señales de alerta de correos electrónicos, llamadas y sitios web fraudulentos.

3. Políticas de Seguridad y Procedimientos: Desarrollar y mantener políticas de seguridad claras que incluyan directrices sobre cómo manejar y compartir información sensible, y procedimientos para reportar actividades sospechosas.

4. Filtrado y Monitoreo de Correo Electrónico: Utilizar soluciones avanzadas de filtrado de correo electrónico que pueden detectar y bloquear correos electrónicos de phishing y spam, y configurar listas de permitidos y bloqueados para controlar los correos entrantes y salientes.

5. Validación y Certificados de Sitios Web: Asegurar que los sitios web utilizan HTTPS con certificados SSL/TLS válidos para cifrar las comunicaciones y verificar la identidad del sitio web, y educar a los usuarios para que comprueben la validez de los certificados al visitar sitios web.

6. Seguridad de Red: Implementar sistemas de detección y prevención de intrusiones (IDS/IPS) para monitorear y bloquear tráfico de red sospechoso, y utilizar redes privadas virtuales (VPN) para cifrar las comunicaciones de datos.

7. Control y Gestión de Acceso: Restringir el acceso a recursos críticos solo a usuarios y dispositivos autorizados mediante el uso de controles de acceso basados en roles y políticas de seguridad de red estrictas.

8. Actualizaciones y Parches de Seguridad: Mantener todos los sistemas, aplicaciones y dispositivos actualizados con los últimos parches de seguridad para corregir vulnerabilidades que podrían ser explotadas en ataques de suplantación.

9. Respuesta a Incidentes y Planes de Recuperación: Tener un plan de respuesta a incidentes establecido y practicado regularmente para asegurar una reacción rápida y eficaz frente a ataques de suplantación, y planes de recuperación de desastres para restaurar los servicios afectados.

10. Verificación de la Fuente: Instruir a los usuarios para que verifiquen la autenticidad de las solicitudes de información sensible, especialmente si se reciben a través de medios inesperados o no solicitados, contactando directamente a la entidad a través de canales oficiales y verificados.

Adoptando estas estrategias, las organizaciones y los usuarios pueden fortalecer su postura de seguridad contra los ataques de suplantación, protegiendo sus activos digitales y físicos de las amenazas cibernéticas.

5. Principales Protocolos Seguros

5.1. Descripción y función de los protocolos de seguridad

Los protocolos de seguridad son estándares y políticas diseñados para garantizar la seguridad y la integridad de las comunicaciones y los datos en redes informáticas y en Internet.

Estos protocolos emplean una variedad de técnicas criptográficas para asegurar la autenticación de los usuarios y dispositivos, la confidencialidad de los datos, la integridad de la información y, en algunos casos, el anonimato de las comunicaciones.

A continuación, se describen algunos de los principales protocolos de seguridad y sus funciones:

1. SSL/TLS (Secure Sockets Layer / Transport Layer Security):

   ⇨ Descripción: SSL y su sucesor TLS son protocolos criptográficos que proporcionan comunicaciones seguras en una red, comúnmente Internet. Se utilizan principalmente para asegurar conexiones entre navegadores web y servidores, garantizando la privacidad y seguridad de los datos transmitidos.

   ⇨ Función: Establecen un canal cifrado entre un cliente y un servidor, asegurando que todos los datos transmitidos sean privados y seguros. Esto incluye la autenticación de la identidad del servidor, el cifrado de los datos y la integridad de los mensajes.

2. HTTPS (Hypertext Transfer Protocol Secure):

   ⇨ Descripción: HTTPS es la versión segura del HTTP, el protocolo utilizado para transmitir datos en la World Wide Web. HTTPS cifra la sesión con SSL/TLS, asegurando la seguridad de las comunicaciones entre el navegador y el sitio web.

   ⇨ Función: Protege la integridad y la confidencialidad de los datos de los usuarios durante el tránsito entre el cliente y el servidor, previniendo ataques de intermediarios como el "hombre en el medio".

3. SSH (Secure Shell):

   ⇨ Descripción: SSH es un protocolo de red que permite la operación segura de servicios de red sobre una red no segura. Se utiliza comúnmente para el acceso remoto a servidores y la transferencia segura de archivos.

   ⇨ Función: Proporciona un método seguro para autenticar un usuario remoto, cifrar la conexión y garantizar la integridad de los datos transferidos.

4. IPsec (Internet Protocol Security):

   ⇨ Descripción: IPsec es un conjunto de protocolos que soporta la autenticación y el cifrado de paquetes de datos a nivel de IP, proporcionando seguridad a nivel de red.

⇨ Función: Utilizado para establecer conexiones seguras entre dos puntos en la red, como en una VPN, asegurando la confidencialidad, la integridad y la autenticidad de los datos a nivel de IP.

5. WPA/WPA2/WPA3 (Wi-Fi Protected Access):

   ⇨ Descripción: Estos son protocolos de seguridad desarrollados para proteger las redes inalámbricas. WPA3 es la versión más reciente y segura, sucediendo a WPA2 y WPA.

   ⇨ Función: Protegen las redes Wi-Fi mediante la autenticación de usuarios y el cifrado de datos, previniendo el acceso no autorizado y la escucha clandestina.

6. PPTP/L2TP/IPsec (Point-to-Point Tunneling Protocol / Layer 2 Tunneling Protocol / IPsec):

   ⇨ Descripción: PPTP y L2TP son protocolos utilizados para establecer conexiones VPN, mientras que IPsec se emplea a menudo junto con L2TP para proporcionar cifrado y seguridad adicionales.

   ⇨ Función: Estos protocolos crean un "túnel" seguro a través de Internet, permitiendo la transmisión segura de datos entre una red remota y un usuario.

7. S/MIME (Secure/Multipurpose Internet Mail Extensions):

   ⇨ Descripción: S/MIME es un estándar para el cifrado y la firma digital de mensajes de correo electrónico, proporcionando seguridad para las comunicaciones por correo electrónico.

   ⇨ Función: Permite a los usuarios enviar mensajes de correo electrónico de manera segura, asegurando que solo el destinatario previsto pueda leer el contenido y verificando la autenticidad del remitente.

8. DNSSEC (Domain Name System Security Extensions):

   ⇨ Descripción: DNSSEC es un conjunto de extensiones para DNS que proporciona autenticación para los datos DNS, asegurando que los datos de respuesta del DNS no hayan sido manipulados.

- ⇨ Función: Previene ataques como el envenenamiento de caché de DNS, asegurando que los usuarios sean dirigidos a la dirección IP correcta y legítima asociada con un nombre de dominio.

5.2. Protocolos de seguridad en la capa de transporte: SSL/ TLS.

Los protocolos SSL (Secure Sockets Layer) y TLS (Transport Layer Security) son estándares fundamentales para la seguridad en la capa de transporte de las comunicaciones de red. Aunque SSL fue el precursor de TLS, este último ha sido adoptado como el estándar de facto debido a sus mejoras en seguridad y eficiencia. La función principal de TLS (y anteriormente SSL) es proporcionar un canal seguro entre dos partes comunicantes, típicamente entre un cliente web y un servidor.

- **Funciones Clave de SSL/TLS:**

  - ⇨ Cifrado de Datos: SSL/TLS protege la privacidad de los datos transmitidos entre el cliente y el servidor cifrándolos. Esto asegura que, incluso si los datos son interceptados, no podrán ser leídos o utilizados por un atacante.

  - ⇨ Autenticación: Una parte esencial del proceso SSL/TLS es la autenticación del servidor (y opcionalmente del cliente), generalmente a través de certificados digitales. Esto garantiza a las partes comunicantes que están conectándose con la entidad correcta y no con un impostor (previniendo ataques de tipo "man-in-the-middle").

  - ⇨ Integridad de los Datos: SSL/TLS utiliza técnicas como los MAC (Message Authentication Codes) para asegurar que los datos no sean alterados durante la transmisión. Esto proporciona a las partes comunicantes la confianza de que los datos recibidos son exactamente los que se enviaron.

- **Proceso de Establecimiento de la Conexión:**

El "handshake" (saludo) de SSL/TLS es el proceso mediante el cual el cliente y el servidor establecen los parámetros de su comunicación segura. Este proceso involucra varios pasos:

- ⇨ Inicio del Saludo: El cliente envía un mensaje "ClientHello" al servidor, indicando las versiones de SSL/TLS y los métodos de cifrado que soporta.

- ⇨ Respuesta del Servidor: El servidor responde con un mensaje "ServerHello", seleccionando los parámetros de la conexión. También envía su certificado digital (y solicita el del cliente si es necesario).

- ⇨ Verificación del Certificado: El cliente verifica el certificado del servidor para asegurar su autenticidad. Esto puede incluir la comprobación de la firma digital del certificado y la validación de la cadena de certificación.

- ⇨ Intercambio de Claves: Las partes acuerdan una clave de sesión para cifrar la comunicación. Esto puede implicar el uso de un intercambio de claves asimétrico, como RSA, para establecer un secreto compartido.

- ⇨ Confirmación del Saludo: Una vez acordados todos los parámetros y establecida la clave de sesión, las partes envían mensajes de "Finished" para confirmar el inicio de la sesión segura.

♦ **Importancia de SSL/TLS:**

SSL/TLS es crucial para la seguridad en Internet, protegiendo datos sensibles como la información de inicio de sesión, los detalles de las transacciones financieras y la información personal. Su uso es especialmente importante en aplicaciones como la banca en línea, el comercio electrónico y cualquier servicio que requiera la transmisión segura de datos a través de Internet.

5.3. Protocolos de seguridad en la capa de aplicación: HTTPS, SFTP, etc.

Los protocolos de seguridad en la capa de aplicación están diseñados para proporcionar comunicaciones seguras en aplicaciones que operan en la capa más alta del modelo OSI (Open Systems Interconnection) o del modelo TCP/IP. Estos protocolos incluyen mecanismos de seguridad como el cifrado, la autenticación y la integridad de los datos, aplicados directamente a los datos de la aplicación. Entre los más destacados se encuentran HTTPS y SFTP, entre otros.

- **HTTPS (Hypertext Transfer Protocol Secure):**
  - Descripción: HTTPS es la versión segura de HTTP, el protocolo utilizado para la transferencia de datos en la World Wide Web. HTTPS cifra la sesión de comunicación entre el navegador y el servidor web utilizando SSL/TLS.
  - Función: HTTPS protege la integridad y la confidencialidad de los datos de los usuarios durante el tránsito, evitando ataques de intermediarios y asegurando que el usuario esté comunicándose con el sitio web legítimo. Es esencial para todas las transacciones en línea, como la banca electrónica, el comercio electrónico y cualquier intercambio de información sensible.
- **SFTP (SSH File Transfer Protocol):**
  - Descripción: SFTP es un protocolo de transferencia de archivos que utiliza SSH (Secure Shell) para proporcionar una transferencia de archivos segura y cifrada sobre una conexión de red no segura.
  - Función: A diferencia del FTP tradicional, SFTP encripta tanto los comandos como los datos, protegiendo las credenciales y la información privada durante la transferencia de archivos entre sistemas. Es ampliamente utilizado para la administración segura de archivos en servidores y la transferencia de datos sensibles entre sistemas.
- **Otros Protocolos de Seguridad en la Capa de Aplicación:**
  - SMTPS/IMAPS/POP3S (Secure SMTP, IMAP, and POP3):
    - Descripción: Estas son versiones seguras de los protocolos utilizados para el envío de correo electrónico (SMTP), y la recepción de correo electrónico (IMAP y POP3), respectivamente. Utilizan SSL/TLS para cifrar las conexiones entre clientes de correo electrónico y servidores de correo.
    - Función: Protegen la autenticación del usuario y la privacidad del correo electrónico durante el envío y la recepción, previniendo la interceptación y el acceso no autorizado a los mensajes de correo electrónico.

- ⇨ LDAPS (LDAP over SSL/TLS):
  - Descripción: LDAPS es una versión segura del Protocolo Ligero de Acceso a Directorios (LDAP), que se utiliza para acceder y mantener servicios de directorio distribuido.
  - Función: LDAPS cifra la comunicación entre el cliente LDAP y los servidores de directorio, asegurando la protección de la información sensible, como los detalles de autenticación y la información de los directorios.
- ⇨ DNSSEC (Domain Name System Security Extensions):
  - Descripción: DNSSEC añade capas de seguridad al DNS, el sistema utilizado para traducir nombres de dominio en direcciones IP.
  - Función: Proporciona autenticación de origen de los datos DNS, integridad de los datos y negación autenticada de la existencia, protegiendo contra ataques como el envenenamiento de caché de DNS.
- ⇨ DTLS (Datagram Transport Layer Security):
  - Descripción: DTLS es una versión de TLS adaptada para protocolos basados en datagramas como UDP. Se utiliza en aplicaciones que requieren una entrega de datos eficiente y en tiempo real, como el streaming de video y la voz sobre IP (VoIP).
  - Función: Proporciona privacidad y seguridad para las comunicaciones de datagramas, asegurando el cifrado, la autenticación y la integridad de los datos.

♦ **Importancia y aplicación de cada protocolo en el entorno empresarial.**

En el entorno empresarial, los protocolos de seguridad desempeñan roles críticos en la protección de la información, la garantía de transacciones seguras y la preservación de la confidencialidad y la integridad de los datos empresariales. La aplicación y la importancia de cada protocolo varían según las necesidades y la infraestructura de la organización, pero en general, contribuyen significativamente a la ciberseguridad y la eficiencia operativa.

- ⇨ HTTPS (Hypertext Transfer Protocol Secure):
    - ➤ Importancia: HTTPS es fundamental para garantizar la seguridad de los sitios web empresariales, especialmente aquellos que manejan transacciones financieras, información personal de clientes o cualquier otro dato sensible.
    - ➤ Aplicación: Se utiliza en todos los sitios web corporativos, portales de clientes, tiendas en línea y servicios web que requieren seguridad en las comunicaciones entre el navegador del usuario y el servidor web.
- ⇨ SFTP (SSH File Transfer Protocol):
    - ➤ Importancia: SFTP proporciona un método seguro para transferir archivos, protegiendo contra la exposición de datos durante las transferencias. Es vital para las empresas que comparten regularmente datos sensibles internamente o con socios externos.
    - ➤ Aplicación: Se utiliza para la administración segura de servidores, transferencia de archivos confidenciales dentro de la empresa y entre entidades comerciales, y para la integración segura de sistemas.
- ⇨ SMTPS/IMAPS/POP3S (Secure SMTP, IMAP, and POP3):
    - ➤ Importancia: Estos protocolos aseguran la comunicación por correo electrónico dentro de una organización y con entidades externas, protegiendo la información sensible compartida a través de correos electrónicos contra interceptaciones y accesos no autorizados.
    - ➤ Aplicación: Se implementan en servidores de correo electrónico corporativos y clientes de correo para asegurar todas las comunicaciones por correo electrónico, incluyendo el envío y la recepción de mensajes.
- ⇨ LDAPS (LDAP over SSL/TLS):
    - ➤ Importancia: LDAPS es crucial para proteger la información durante la consulta y modificación de servicios de directorio, que contienen datos sensibles sobre usuarios, grupos y políticas en una red empresarial.

- Aplicación: Se utiliza en la autenticación y autorización de usuarios, administración de acceso a recursos de la red y en la gestión de políticas de seguridad centralizadas.

⇨ DNSSEC (Domain Name System Security Extensions):

- Importancia: DNSSEC protege contra ataques que pueden desviar el tráfico de red de una empresa a sitios maliciosos, lo que es esencial para mantener la integridad y la seguridad de las comunicaciones empresariales.
- Aplicación: Se implementa en los servidores DNS de la organización para asegurar la resolución de nombres de dominio, protegiendo así a la empresa contra el envenenamiento de caché de DNS y otros ataques relacionados.

⇨ DTLS (Datagram Transport Layer Security):

- Importancia: DTLS es importante para las aplicaciones que requieren transmisiones seguras pero rápidas, como la VoIP y el streaming de video, donde la integridad y la confidencialidad de los datos son críticas.
- Aplicación: Se utiliza en comunicaciones de datos en tiempo real, como conferencias web, llamadas VoIP y otros servicios de comunicación en tiempo real que las empresas utilizan para la colaboración interna y externa.

RESUMEN

- La seguridad en las empresas constituye un pilar fundamental para su estabilidad y crecimiento sostenido.
- Cada uno de los sistemas de seguridad desempeña un papel crucial en la protección integral de la empresa, y su implementación debe ser considerada cuidadosamente, adaptándose a las necesidades específicas, el tamaño y el tipo de negocio, así como a los riesgos particulares a los que se enfrenta la organización.
- Principales tipos de sistemas de seguridad empresarial:
  - Sistemas de Seguridad Física:
  - Seguridad Informática:
  - Seguridad en Redes:
  - Seguridad de Aplicaciones:
  - Seguridad en la Nube:
  - Educación y Concienciación en Seguridad:
- Los sistemas de seguridad pasivos son aquellos que están diseñados para fortalecer la infraestructura y los datos de una empresa contra posibles amenazas, sin la capacidad de actuar o responder automáticamente a los incidentes de seguridad cuando ocurren. Su principal objetivo es disuadir, retrasar o prevenir amenazas mediante la creación de barreras y la implementación de medidas preventivas.
- Los sistemas de seguridad reactivos, también conocidos como sistemas activos, están diseñados para identificar, responder y mitigar incidentes de seguridad en tiempo real o después de que han ocurrido.
- La suplantación o "spoofing" es una táctica de ciberseguridad engañosa utilizada para engañar a individuos o sistemas haciéndose pasar por una entidad confiable en una comunicación.

⇨ Principales Protocolos de seguridad:

- SSL/TLS (Secure Sockets Layer / Transport Layer Security)
- HTTPS (Hypertext Transfer Protocol Secure)
- SSH (Secure Shell)
- IPsec (Internet Protocol Security)
- WPA/WPA2/WPA3 (Wi-Fi Protected Access)
- PPTP/L2TP/IPsec (Point-to-Point Tunneling Protocol / Layer 2 Tunneling Protocol / IPsec)
- S/MIME (Secure/Multipurpose Internet Mail Extensions)
- DNSSEC (Domain Name System Security Extensions)